国家中等职业教育改革发展示范学校规划教材·会计专业

会计分岗实训——制单

主 编 李小香

副主编 陈 燕 高 珍

中国财富出版社

图书在版编目（CIP）数据

会计分岗实训．制单/李小香主编．—北京：中国财富出版社，2014.10

（国家中等职业教育改革发展示范学校规划教材．会计专业）

ISBN 978 - 7 - 5047 - 5383 - 0

Ⅰ.①会… Ⅱ.①李… Ⅲ.①会计报表—编制—中等专业学校—教材 Ⅳ.①F23

中国版本图书馆 CIP 数据核字（2014）第 212315 号

策划编辑	王淑珍	责任印制	何崇杭
责任编辑	孙会香 惠 婳	责任校对	杨小静

出版发行	中国财富出版社		
社 址	北京市丰台区南四环西路 188 号 5 区 20 楼	邮政编码	100070
电 话	010 - 52227568（发行部）	010 - 52227588 转 307（总编室）	
	010 - 68589540（读者服务部）	010 - 52227588 转 305（质检部）	
网 址	http://www.cfpress.com.cn		
经 销	新华书店		
印 刷	北京京都六环印刷厂		
书 号	ISBN 978 - 7 - 5047 - 5383 - 0/F · 2234		
开 本	787mm×1092mm 1/16	版 次	2014 年 10 月第 1 版
印 张	12.25	印 次	2014 年 10 月第 1 次印刷
字 数	233 千字	定 价	26.00 元

国家中等职业教育改革发展示范学校
规划教材编审委员会

前　　言

本教材从会计实际工作环节出发，围绕存货核算、工资核算、固定资产核算、成本费用核算、往来核算以及收入与利润核算等会计岗位开展会计分岗实训，并对每个实训项目做出了指导性实训建议，其特色是：

（1）仿真性：按照仿真企业流程、模拟职业岗位的理念，构建本教材的内容体系，将实训作为仿真企业全部业务流程中的一个环节进行设计。

（2）体例新：通过模拟一个小型企业财务部门设置及其任务分配实境，模块式地构架教材体系，形成任务驱动式的实训教学模式，从而学生每完成一个岗位实训模块便能掌握该岗位所要求的实际工作能力。

（3）立体化：为了确保实训质量，本教材配有多媒体课件。

（4）灵活性：本教材既可以与相关会计教学内容配套使用，也可以单独作为实训教材使用；既可以与模拟公司综合实训衔接，也可以单独使用；既可以作为中职学校会计专业学生的实训指导用书，也可以作为社会财会人员的职场训练用书。

本教材由李小香担任主编，陈燕、高珍担任副主编，孙艳、尹静、吕玉杰、段淑荣、王静、邱蕾、何素花、姬玉倩、张红莉、赵建刚、孙金花参编。具体分工是：项目一由李小香负责编写；项目二由孙艳负责编写；项目三由尹静负责编写；项目四由吕玉杰负责编写；项目五由段淑荣负责编写；项目六由王静负责编写；项目七由邱蕾、何素花、姬玉倩、张红莉负责编写。本教材整体框架及章节结构由陈燕、高珍两位老师统筹指导，计算机后期处理工作由赵建刚、孙金花负责完成。

本教材的编写虽然力求切合实际，但由于编者水平有限、时间紧迫，书中难免有不妥之处，敬请读者批评指正。

编　者

2014 年 8 月

目　录

第二篇　会计制单综合实训

第一篇
会计制单单项业务实训

项目一　工资核算岗位

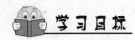 学习目标

【知识目标】

1. 了解工资所涉及的相关原始凭证。

2. 熟悉工资的核算范围。

3. 掌握五险一金和个税的计算。

【能力目标】

1. 能够认知工资相关原始凭证。

2. 能够进行五险一金和个人所得税的计算。

3. 能够对工资业务进行凭证的编制。

【情感目标】

培养学生自学、勤于动手、勇于探究、解决实际问题、适应会计改革发展需要的能力。

任务一　认知工资结算表

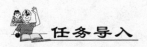 任务导入

2014年1月，会计部门工资核算员张亮编制了一张本月的工资结算单（如表1-1所示），下面我们大家一起来阅读一下吧！

表 1-1

工资结算单
2014 年 1 月

单位：元

部门属性	姓名	基本工资	奖金	津贴与补贴	加班加点工资	应扣工资		应付工资	水电费	代扣款项							小计	实发工资	领款人签章
						病假	事假			养老保险	医疗保险	失业保险	工伤保险	生育保险	住房公积金	个人所得税			
基本生产车间 — 车间生产工人	田晓燕	2 500	1 500	1 000	300	60		5 240	150	424	106	53			185.5	30.95	949.45	4 290.55	
车间管理人员	贾平	2 800	1 600	1 300	200		80	5 820	200	472	118	59			206.5	49.45	1 104.95	4 715.05	
行政管理部门	安红	2 600	1 800	1 100	100	30		5 570	80	448	112	56			196	38.64	930.64	4 639.36	
销售部门	冯亮	2 500	2 500	800	400		120	6 080	100	496	124	62			217	75.1	1 074.1	5 005.9	
合计		10 400	7 400	3 600	1 000	90	200	22 710	530	1 840	460	230			805	194.14	4 059.14	18 650.86	

部门主管：张丽　　　　工资核算员：张亮　　　　复核：王平

任务二　工资的核算范围

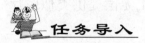 任务导入

通过认知任务一的工资结算单，我们发现工资结算单中包括基本工资、奖金、津贴与补贴等工资项目，下面我们共同来学习一下。

职工薪酬是企业因获得职工提供服务而给予职工的各种形式的报酬以及其他相关支出。具体来说，职工薪酬包括以下几方面的内容。

（1）职工：是指与企业订立劳动合同的所有人员，含全职、兼职和临时职工；也包括虽未与企业订立劳动合同但由企业正式任命的人员，如董事会成员、监事会成员等。在企业的计划和控制下，虽未与企业订立劳动合同或未由其正式任命，但为其提供与职工类似服务的人员，也纳入职工范畴，如劳务用工合同人员。

（2）职工工资、奖金、津贴和补贴：是指按照国家统计局《关于职工工资总额组成的规定》，构成工资总额的计时工资、计件工资，支付给职工的超额劳动报酬和增收减支的劳动报酬，为了补偿职工特殊或额外的劳动消耗和因其他特殊原则支付给职工的津贴，以及为了保证职工工资水平不受物价影响支付给职工的物价补贴等。

▶ 小知识

企业按规定支付给职工的加班加点工资，以及根据国家法律、法规和政策规定，企业在职工因病、工伤、产假、计划生育假、婚丧假、事假、探亲假、定期休假、停工学习、执行国家或社会义务等特殊情况下，按照计时工资或计件工资的一定比例支付的工资，也属于工资总额的范畴。当职工休假或缺勤时，不应当从工资总额中扣除。

（3）职工福利费：是指企业为职工计提的福利，如补助生活困难职工等。

（4）社会保险费：是指企业按照国家规定的基准和计算比例，向社会保险机构缴纳的医疗保险费、养老保险费、失业保险费和生育保险费等社会保险费。

（5）住房公积金：是指企业按照国家《住房公积金管理条例》规定的基准和比例计算，向住房公积金管理机构缴存的住房公积金。

（6）工会经费和职工教育经费：是指企业为了改善职工文化生活、提高职工业务素质，用于开展工会活动和职工教育及职业技能培训，根据国家规定的基准和比例，从成本费用中提取的金额。

（7）非货币性福利：是指企业以自己的产品或其他有形资产发放给职工作为福利，如向职工无偿提供自己拥有的资产使用权，为职工无偿提供类似医疗保健等服务。

（8）辞退福利：是指因解除与职工的劳动关系给予的补偿。

（9）其他与获得职工提供的服务相关的支出。

任务三　工资的计算

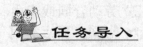任务导入

在任务一的工资结算单中我们知道了每个职工的应发工资的金额、养老保险的金额、医疗保险的金额、个人所得税的金额等，这些金额是怎么计算出来的呢？让我们一起学习一下吧！

一、"五险一金"的计算

1. 概述

五险一金，是指用人单位给予劳动者的几种保障性待遇的合称，包括养老保险、医疗保险、失业保险、工伤保险和生育保险，还有住房公积金。

2. 缴纳比例

五险一金的缴纳额度每个地区的规定都不同，其计算是以工资总额为基数。有的企业在发放时有基本工资，有相关一些补贴，但有的企业在缴纳时，只是基本工资，这是违反法律规定的。

缴纳比例为（各地缴纳比例不一样，下面以石家庄为例）：

（1）医疗保险：个人承担 2%，单位承担 8%；

（2）养老保险：个人为 8%，单位承担 20%；

（3）失业保险：个人为 1%，单位承担 2%；

（4）工伤保险：个人无，单位 1%；

（5）生育保险：个人无，单位1％；

（6）公积金：个人3.5％，单位3.5％；

（7）工伤和生育保险的费用均由单位承担。

3. 举例说明

以任务一工资结算单中销售部职工冯亮的工资为例，计算冯亮应缴纳的五险一金：

（1）缴纳基数（工资总额）＝基本工资＋奖金＋津贴与补贴＋加班加点工资＝2 500＋2 500＋800＋400＝6 200（元）；

（2）医疗保险费：个人6 200×2％＝124（元），单位6 200×8％＝496（元）；

（3）养老保险费：个人6 200×8％＝496（元），单位6 200×20％＝1240（元）；

（4）失业保险费：个人6 200×1％＝62（元），单位6 200×2％＝124（元）；

（5）工伤保险费：个人无，单位6 200×1％＝62（元）；

（6）生育保险费：个人无，单位6 200×1％＝62（元）；

（7）住房公积金：6 200×3.5％＝217（元），单位6 200×3.5％＝217（元）。

因此个人缴纳的"五险一金"总计为899元，单位总计为2 201元。

二、个人所得税的计算

1. 概述

个人所得税（Personal Income Tax）是调整征税机关与自然人（居民、非居民人）之间在个人所得税的征纳与管理过程中所发生的社会关系的法律规范的总称。

2. 纳税义务人

个人所得税的纳税义务人，既包括居民纳税义务人，也包括非居民纳税义务人。居民纳税义务人负有完全纳税的义务，必须就其来源于中国境内、境外的全部所得缴纳个人所得税；而非居民纳税义务人仅就其来源于中国境内的所得，缴纳个人所得税。

3. 适用税率的计算

2011年6月30日闭幕的十一届全国人大常委会第二十一次会议，通过了修改个人所得税法的决定。

　　根据这一决定，从 2011 年 9 月 1 日起，我国个人所得税减除费用标准（通常称为个税起征点）由现行的每月 2 000 元提高到每月 3 500 元。调整后个人所得税工资、薪金所得适用的税率为 7 级超额累进税率（3％～45％），税率如表 1-2 所示。

表 1-2　　　　　　　　　　税率表（工资、薪金所得适用）

级数	全月应纳税所得额	税率（％）	速算扣除数（元）
1	不超过 1 500 元的	3	0
2	超过 1 500 元至 4 500 元的部分	10	105
3	超过 4 500 元至 9 000 元的部分	20	555
4	超过 9 000 元至 35 000 元的部分	25	1 005
5	超过 35 000 元至 55 000 元的部分	30	2 755
6	超过 55 000 元至 80 000 元的部分	35	5 505
7	超过 80 000 元的部分	45	13 505

　　（1）计算公式：应纳税额＝（工资薪金所得－五险一金－扣除数）×适用税率－速算扣除数。

　　（2）举例说明：以任务一工资结算单中销售部职工冯亮的工资为例，计算冯亮应缴纳的个人所得税。

　　冯亮应纳个人所得税额＝（2 500＋2 500＋800＋400－124－496－62－0－0－217－3 500）×10％－105＝75.10（元）

　　冯亮的实发工资＝应付工资－代扣款项＝6 080－（100＋899＋75.10）＝5 005.90（元）

任务四　工资业务制单实训

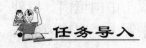任务导入

　　根据会计核算流程，通过任务一的工资结算单，要编制工资核算岗位相关记账凭证了，让我们共同来完成吧！

一、主要账户的设置

1. "应付职工薪酬"账户

(1) 核算内容。"应付职工薪酬"科目应当按照"工资""职工福利""社会保险费""住房公积金""工会经费""职工教育经费""非货币性福利"等应付职工薪酬项目设置明细科目,进行明细核算。外商投资企业按规定从净利润中提取的职工奖励及福利基金,也在本账户中核算,该账户贷方反映已分配计入有关成本费用项目的职工薪酬的数额,借方反映实际发放职工薪酬的数额。该账户期末贷方余额,反映企业应付未付的职工薪酬。企业应当根据职工提供服务的受益对象,将应确认的职工薪酬全部计入相关资产成本或者当期费用。

(2) 账户结构:

应付职工薪酬	负债类
实际发放职工薪酬数额 从应付职工薪酬中扣还的各种款项	已分配计入有关成本费用项目的应付职工薪酬的数额
	余额:企业应付而未付的应付职工薪酬数额

(3) 明细设置:按"工资""职工福利""社会保险费""住房公积金""工会经费""职工教育经费""非货币性福利""辞退福利""股份支付"等进行明细核算。

(4) 账务处理:

①支付时:

借:应付职工薪酬——×××

　　贷:银行存款

②分配时:

借:生产成本

　　制造费用

　　管理费用

　　销售费用

　　贷:应付职工薪酬——×××

2. "其他应付款"账户

(1) 核算内容。其他应付款(Other Payables)是指企业在商品交易业务以外发生的应付和暂收款项。指企业除应付票据、应付账款、应付工资、应付利润等以外的应付、暂收其他单位或个人的款项。该账户属于负债类账户，贷方登记发生的各种应付、暂收款项，借方登记偿还或转销的各种应付、暂收款项，月末余额在贷方，表示企业应付、暂收的结存现金。

（2）账户结构：

其他应付款	负债类
其他应付款的支付数	其他应付款的发生数
	余额：企业尚未支付的其他应付款项

（3）明细设置：按其他应付款的项目和对方单位（或个人）进行明细核算。

（4）账务处理：

①计算时：

借：应付职工薪酬——社会保险费
　　　　　　　　——住房公积金

　贷：其他应付款——社保
　　　　　　　　——公积金中心

②缴纳时：

借：其他应付款——社保
　　　　　　　——公积金中心

　贷：银行存款

3."应交税费——应交个人所得税"账户

（1）核算内容。本账户核算纳税人根据其所取得的所得额计算并缴纳的一种税种。

（2）账户结构：

应交税费——应交个人所得税	负债类
实际缴纳的税款	应交的税款
	余额：应交未交的税款

（3）明细设置：按应交的税费项目进行明细核算。

（4）账务处理：

①计算时：

借：应付职工薪酬

　　贷：应交税费——应交个人所得税

②缴纳时：

借：应交税费——应交个人所得税

　　贷：银行存款

二、制单实训

（1）2014年2月28日，发放工资（代扣水电、房租、工会经费19 782.31元，代扣个人所得税7 845元）。工资结算汇总表如表1－3所示。

单位：元

表1-3

工资结算汇总表

部门名称	基本工资		辅助工资			缺勤扣款			应付工资	实发工资			实发工资
	标准工资	岗位工资	工资性津贴	职务补贴	奖金	病假扣款	事假扣款	合计		个人所得税	房租	合计	
生产车间小计	51 723.19	39 099.08	13 283	5 020	46 196	308.16	122.50	430.66	157 890.19	5 828	8 408.69	14 236.6914	143 653.5
生产工人	43 019.05	37 048.66	22 615	4 220	46 986	241.02	122.50	363.52	143 525.19	5 328	6 298.69	11 680.69	131 844.5
车间管理人员	8 704.14	2 050.42	66	800	2 210	67.4		67.14	14 365.00	446	2 110.00	2 556.00	11 809.00
销售部	11 087.11	2 716.78	880	1 600	3 316	30.89	70.00	100.89	19 499.00	586	4 108.12	4 468.12	15 030.88
管理部门小计	16 757.40	4 850.25	960	2 400	3 970	108.65	58.00	166.65	28 771.00	1 311	6 503.50	7 814.50	20 956.50
经理部	5 218.00	2 347.00	280	800	1 540				9 850.00	699	2 005.00	2 701.00	7 149.00
财务部	6 933.18	1 451.21	370	600	1 350	24.13		24.13	6 488.00	180	718.64	898.64	5 589.36
其他	4 605.82	1 052.04	310	1 000	1 080	84.52	58.00	142.52	12 433.00	432	3 782.86	4 214.86	8 218.14

（2）2014 年 2 月 28 日，将本月应发放的工资进行分配（计入生产成本 143 525.19 元，计入制造费用 14 365 元，计入管理费用 28 771 元，计入销售费用 19 449 元，计入应付福利费 9 231 元）。工资费用分配表，如表 1-4 所示。

表 1-4   工资费用分配表

2014 年 2 月 28 日   单位：元

应借科目		生产工人工资额分配			直接工资	合计
		生产工时	分配率	分配金额		
生产成本	甲产品	8 500	0.543	4 615.50	130 484.69	135 100.19
	乙产品	1 500	0.543	814.50	7 610.50	8 425.00
	小计	10 000		5 430.00	138 095.19	143 525.19
制造费用					14 365.00	14 365.00
管理费用					28 771.00	28 771.00
销售费用					19 499.00	19 499.00
应付福利费					9 231.00	9 231.00
合计					209 961.19	215 391.19

账务主管：刘军   制单：卜华

（3）2014 年 2 月 28 日，计提本月福利费，如表 1-5 所示。

表 1-5   职工福利费计提分配表

2014 年 2 月 28 日   单位：元

应借科目		计提基数	应付福利费	
			计提比例	计提金额
生产成本	甲产品	135 100.19	14%	18 914.03
	乙产品	8 425.00	14%	1 179.50
	小计	143 525.19	14%	20 093.53
制造费用		14 365.00	14%	2 011.10
管理费用		38 002.00	14%	5 320.28
销售费用		19 499.00	14%	2 729.86
合计		215 391.19		30 154.77

（4）2014 年 2 月 28 日，计提职工教育经费和工会经费，如表 1-6 所示。

表 1-6   工会经费及职工教育经费计提分配表

2014 年 2 月 28 日   单位：元

应借科目	计提基数	工会经费		职工教育经费	
		计提比例	计提金额	计提比例	计提金额
管理费用	215 391.19	2%	4 307.82	1.5%	3 230.87
合计					

（5）2014 年 2 月 28 日，企业开出现金支票一张，发放职工工资。

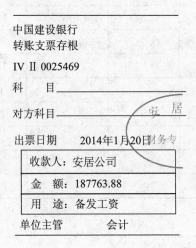

中国建设银行
转账支票存根
IV II 0025469
科   目＿＿＿＿＿＿＿＿＿＿＿
对方科目＿＿＿＿＿＿＿＿＿＿＿
出票日期   2014年1月20日
收款人：安居公司
金   额：187763.88
用   途：备发工资
单位主管   会计

项目二　存货核算岗位

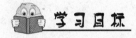 学习目标

【知识目标】

1. 了解存货所涉及的各种原始凭证。

2. 掌握存货收发、结存的核算方法和计价方法。

3. 理解存货的分类、收发业务程序。

【能力目标】

1. 能够对存货业务进行确认、计量。

2. 具备审核原始凭证的能力。

3. 具备根据原始凭证编制记账凭证的能力。

【情感目标】

培养学生严谨的工作态度、实事求是的精神，通过感知、体验、实践、参与合作等方式，感受成功。

任务一　认知存货单据

材料收发业务一般流程，如下图所示。

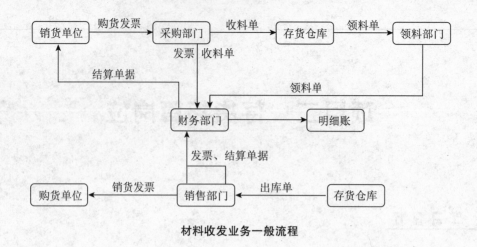

材料收发业务一般流程

任务导入

（1）2014 年 2 月 5 日，材料库管理员李娜收到从某公司购入的甲材料一批，李娜据以填制收料单一张（如表 2 - 1 所示），请说出购入甲材料的数量、单价及金额等内容？

表 2 - 1　　　　　　　　　　　　　　收料单

材料科目：原材料　　　　　　　　　　　　　　　　　　　　　　编号：102
材料类别：原料及主要材料　　　　　　　　　　　　　　　　　收料仓库：2 号仓库
供应单位：某公司　　　　　　　　2014 年 2 月 5 日　　　　发票号码：007430

材料编号	材料名称	规格	计量单位	数量		实际价格（元）				计划价格（元）	
				应收	实收	单价	发票金额	运费	合计	单价	金额
002	甲材料		千克	2 000	2 000	17.5	35 000	1 860	36 860	18.00	36 000
备注											

采购员：李江　　　　检验员：王斌　　　　记账员：李一一　　　　保管员：李娜

（2）2 月 8 日，生产部门生产产品从材料库领用甲材料，填制领料单一张（如表 2 - 2 所示），让我们一起来了解一下领料的数量、金额等具体内容吧！

表 2 - 2　　　　　　　　　　　　　　领料单

部门：生产部门　　　　　　　　　　　　　　　　　　日期：2014 年 2 月 8 日

序号	材料名称	规格	单位	数量	备注
1	甲材料		千克	800	
2					
3					
4					
5					

部门主管：刘畅　　　　　　　　　　　　　请领人：张伟

（3）2 月 28 日，生产部门生产的 A 产品全部生产完工，并验收入库，产品入库单如表 2 - 3 所示。大家一起来阅读一下生产部门本月完工入库产品的数量和成本吧！

表 2 - 3　　　　　　　　　　　　　　产品入库单

编号：1　　　　　　　　　　　　　　　　　　　　　2014 年 2 月 28 日

商品名称	型号	规格	数量	单位	单价（元）	金额（元）
A 产品			1 000	千克	2.50	2 500
合计大写						小写

入库人：叶婷　　　　　　复核人：刘玲　　　　　　库管员：叶婷

任务二　存货成本的计价方法

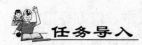
任务导入

通过认知任务一中的收料单，我们发现收料单中的材料价格包括实际价格和计划价格，下面就让我们来了解一下实际价格和计划价格的区别吧！

一、存货实际成本计价方法

(一) 什么是实际成本计价

实际成本计价是指每一种存货的收发结存量都按其取得或生产过程中所发生的实际成本计价。

这种计价方法适用于材料品种较少、收料次数不多的企业。在按实际成本计价时，同一种材料会因进货批次不同、成本不同而出现多种价格，而存货管理按存货品类分类保管，所以库存同一品种的存货会有多种价格，因此，企业领用或发出的存货必须选定一种方法进行计价核算。

(二) 实际成本计价法下账户的设置

1. "原材料"账户

该账户用来核算企业库存的各种材料（包括原料及主要材料、辅助材料、外购半成品、修理用备件、包装材料、燃料等）的实际成本，借方登记因外购、自制、委托加工完成等而办理验收入库原材料的实际成本；贷方登记因企业领用、销售、委托加工等而减少的原材料的实际成本；期末余额在借方，反映库存材料的实际成本。本科目应按照材料的类别、品种和规格等进行明细核算。

原材料（实际成本计价下）	资产类
已验收入库原材料的实际成本	发出原材料的实际成本
余额：企业库存材料的实际成本	

2. "在途物资"账户

该账户用来核算企业采用实际成本（或进价）进行材料、商品等物资的日常核算，尚未到达或尚未验收入库的在途物资的实际采购成本，借方登记已支付或已开出商业汇票的材料、商品货款；贷方登记已验收入库材料、商品的实际成本，期末余额在借方，反映企业在途材料、商品等物资的采购成本。本科目可按供应单位和物资品种进行明细设置。

在途物资	资产类
应计入材料、商品采购成本的金额（已付款未入库）	所购材料、商品到达验收入库的金额（实际成本或进价）
余额：企业在途材料、商品等物资的采购成本	

（三）实际成本计价法下材料增加的账务处理

1. 款已付，料入库

借：原材料

应交税费——应交增值税（进项税额）

贷：银行存款

2. 款已付，料未入库（结算凭证已到，已付款，但货未到）

（1）付款

借：在途物资

应交税费——应交增值税（进项税额）

贷：银行存款

（2）收料——材料运达企业时，验收入库

借：原材料

贷：在途物资

3. 款未付，料入库

借：原材料

应交税费——应交增值税（进项税额）

贷：应付账款

4. 货先到，发票账单未到

暂时不做账务处理，待发票账单到达时入账。若发票账单在月末仍未到，货款尚未支付（或尚未开出承兑商业汇票），材料已验收入库时，月末估计材料款入账，下月 1 日红字冲销。

（1）本月末（蓝字）

借：原材料

贷：应付账款——暂估应付账款

（2）下月初（红字）

借：原材料

贷：应付账款——暂估应付账款

5. 预付货款，料未入库

（1）预付货款时

借：预付账款

　　贷：银行存款

（2）货到入库

借：原材料

　　　应交税费——应交增值税（进项税额）

　　贷：预付账款

（3）补付货款

借：预付账款

　　贷：银行存款

二、存货计划成本计价方法

前述材料核算的方法是按材料的实际成本进行计价和核算。然而不少企业材料的品种、规格复杂繁多，核算的工作量很大，为了简化核算手续，对材料也可以按计划成本核算。采用计划成本法也有利于考核材料采购部门的经营业绩，通过实际成本与计划成本的对比，可以促使材料采购部门节约采购支出，降低材料采购成本。

（一）什么是计划成本

计划成本法是指企业存货的收入、发出和结余均按预先制订的计划成本计价，同时另设"材料成本差异"科目，作为计划成本和实际成本联系的纽带，用来登记实际成本和计划成本的差额，同时计划成本法下存货的总分类和明细分类核算均按计划成本计价。

这种方法适用于存货品种繁多、收发频繁的企业。如果企业的自制半成品、库存商品品种繁多的，或者在管理上需要分别核算其计划成本和成本差异的，也可采用计划成本法核算。

（二）计划成本计价法下账户的设置

1. "原材料"账户

核算原材料的收、发、存的计划成本。材料按种类和名称设置明细。

原材料（计划成本计价下）	资产类
已验收入库原材料的计划成本	发出原材料的计划成本
余额：企业库存材料的计划成本	

2. "材料采购"账户

核算材料采购过程中发生的实际成本，包括买价、运杂费等。其借方登记已经付款的外购材料等存货的实际成本和结转已经验收入库实际成本小于计划成本的节约差额；贷方登记已经付款并验收入库的材料等存货的计划成本和结转实际成本大于计划成本的超支差额。期末余额在借方，表示已经付款但尚未入库的材料等存货（即在途货物）的实际成本。"材料采购"科目应按供应单位和物资品种设置明细账，进行明细核算。

材料采购	资产类
已付款（或已开出、承兑的商业汇票）的外购材料的实际成本 结转已验收入库材料实际成本小于计划成本的节约差异	已验收入库材料的计划成本（尚未收到发票账单的外购材料除外） 结转已入库材料实际成本大于计划成本的超支差异
余额：已付款的在途货物的实际成本	

3. "材料成本差异"账户

采用计划成本进行日常核算的计划成本与实际成本的差异，以及调整发出材料应负担的成本差异。其借方登记验收入库材料成本的超支差异；贷方登记验收入库材料成本的节约差异以及发出材料应负担的成本差异（超支用蓝字，节约用红字）；期末余额在借方，反映企业库存材料拥有的超支差异；期末余额在贷方，反映企业库存材料拥有的节约差异。

材料成本差异	资产类
从"材料采购"账户贷方转入的购入材料物资的成本超支差异	从"材料采购"账户借方转入的购入材料物资的成本节约差异 发出材料物资应负担的成本差异（超支用蓝字；节约用红字）
余额：企业材料物资的实际成本大于计划成本的差异	余额：企业材料物资的实际成本小于计划成本的差异

（三）计划成本计价法下材料增加的账务处理

1. 购入时

借：材料采购

应交税费——应交增值税（进项税额）

贷：银行存款

2. 入库时

借：原材料

材料成本差异（超支差）

贷：材料采购

材料成本差异（节约差）

任务三　存货发出的核算

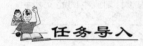 任务导入

生产车间生产产品需领用甲材料，材料仓库现存放有不同时间购入的不同价位的甲材料，现在材料库管理员李娜非常头疼，不知道先发出哪一种，究竟先发出哪一种呢？让我们来帮助一下李娜吧！

一、实际成本计价法下材料发出的核算

（一）实际成本计价法下材料发出时的计价方法

企业购进的材料由于产地、价格、运输费用的不同，因此，各批购时材料的单位成本往往各异，则对发出的材料的计价可以选择使用个别计价法、先进先出法、移动平均法和加权平均法等。对不同的材料可以采用不同的计价方法，材料计价方法一经确定后，不得随意变更。

1. 个别计价法

个别计价法又称为个别认定法、分批实际计价法，是指以每次（批）购入存货的实际成本作为计算该次（批）发出存货成本的依据。

其计算公式如下：

$$每次（批）发出存货成本＝该次（批）发出存货数量×该次（批）存货单位成本$$

$$期末结存存货成本＝期初结存存货成本＋本期购入存货成本－本期发出存货成本$$

【例 2 - 1】 甲公司 2014 年 5 月 D 材料的收入、发出及购进单位成本如表 2 - 4 所示。

表 2 - 4　　　　　　　　　　　　D 材料明细账　　　　　　　　　　　　单位：元

日期		摘要	收入			发出			结存		
月	日		数量	单价	金额	数量	单价	金额	数量	单价	金额
2	1	期初余额							150	10	1 500
	5	购入	100	12	1 200				250		
	11	销售				200			50		
	16	购入	200	14	2 800				250		
	20	销售				100			150		
	23	购入	100	15	1 500				250		
	27	销售				100			150		
	30	本期合计	400	—	5 500	400	—		150		

假设经过具体辨认，本期发出存货的单位成本如下：5 月 11 日发出的 200 件存货中，100 件系期初结存存货，单位成本为 10 元，100 件作为 5 日购入存货，单位成本为 12 元；5 月 20 日发出的 100 件存货系 16 购入，单位成本为 14 元；5 月 27 日发出的 100 件存货中，50 件为期初结存，单位成本为 10 元，50 件为 23 日购入，单位成本为 15 元。

按照个别认定法，甲公司 5 月 D 材料收入、发出与结存情况如表 2 - 5 所示。

表 2 - 5　　　　　　　　　D 材料明细账（个别认定法）　　　　　　　　单位：元

日期		摘要	收入			发出			结存		
月	日		数量	单价	金额	数量	单价	金额	数量	单价	金额
2	1	期初余额							150	10	1 500

日期		摘要	收入			发出			结存		
月	日		数量	单价	金额	数量	单价	金额	数量	单价	金额
	5	购入	100	12	1 200				150 100	10 12	1 500 1 200
	11	销售				100 100	10 12	1 000 1 200	50	10	500
	16	购入	200	14	2 800				50 200	10 14	500 2 800
	20	销售				100	14	1 400	50 100	10 14	500 1 400
	23	购入	100	15	1 500				50 100 100	10 14 15	500 1 400 1 500
	27	销售				50 50	10 15	500 750	50	14 15	1 400 750
	30	本期合计	400	—	5 500	400	—	4 850	100 50	14 15	1 400 750

从表 2-5 中可知，甲公司本期发出存货成本及期末结转存货成本如下：

本期发出存货成本 $=100\times10+100\times12+100\times14+50\times10+50\times15=$ 4 850（元）

期末结存存货成本 $=150\times10+100\times12+200\times14+100\times15-4\ 850=$ 2 150（元）

个别计价法计算起来工作量最为繁重，适用于材料数量少，单位价值较大，能分清件别、批次的材料。

2. 先进先出法

先进先出法是指根据先入库先发出的原则，对于发出的材料，以先入库材料的单价进行计价，从而计算发出材料成本的方法。

【例 2-2】 按照先进先出法，甲公司 5 月 D 材料收入、发出与结存情况如表 2-6 所示。

表 2 - 6　　　　　　　　　　D 材料明细账（先进先出法）　　　　　　　单位：元

日期		摘要	收入			发出			结存		
月	日		数量	单价	金额	数量	单价	金额	数量	单价	金额
2	1	期初余额							150	10	1 500
	5	购入	100	12	1 200				150	10	1 500
									100	12	1 200
	11	销售				150	10	1 500	50	12	600
						50	12	600			
	16	购入	200	14	2 800				50	12	600
									200	14	2 800
	20	销售				50	12	600	150	14	2 100
						50	14	700			
	23	购入	100	15	1 500				150	14	2 100
									100	15	1 500
	27	销售				100	14	1 400	50	14	700
									100	15	1 500
	30	本期合计	400	—	5 500	400	—	4 800	50	14	700
									100	15	1 500

从表 2 - 6 中可知，甲公司本期发出存货成本及期末结转存货成本如下：

本期发出存货成本 $= 150 \times 10 + 50 \times 12 + 50 \times 12 + 50 \times 14 + 100 \times 14 = 4\ 800$（元）

期末结存存货成本 $= 150 \times 10 + 100 \times 12 + 200 \times 14 + 100 \times 15 - 4\ 800 = 2\ 200$（元）

采用先进先出法其优点在于期末存货成本接近现行的市场价格，而且避免企业随便挑选价格调整当期利润。但缺点是计算工作量较大，特别是在存货收发频繁、单价经常变动的情况下。另外，在物价上涨时，会导致虚增当期利润和高估库存存货的价值；反之会虚减利润和低估库存存货价值。一般适用于收发料次数不多的材料。

3. 月末一次加权平均法

加权平均法是指一个计算期内综合计算材料的加权平均单价，再乘以发出材料数量，从而计算发出材料成本的方法。

其计算公式如下：

加权平均单价＝（期初结存存货实际成本＋本期收入存货实际成本）÷

（期初结存存货数量＋本期收入存货数量）

在日常工作中，由于加权平均单价往往不能整除，计算的结果必然会产生尾差，为了保证期末材料成本的准确性，可以先计算期末结转材料金额，然后倒挤耗用材料成本。

其计算公式如下：

期末结存材料金额＝期末结存材料数量×加权平均单价

发出材料成本＝期初结存材料金额＋本期收入材料金额－期末结存材料金额

【例2-3】　按照月末一次加权平均法，甲公司5月D材料收入、发出与结存情况如表2-7所示。

表2-7　　　　　　　　D材料明细账（月末一次加权平均法）　　　　　　　单位：元

日期		摘要	收入			发出			结存		
月	日		数量	单价	金额	数量	单价	金额	数量	单价	金额
2	1	期初余额							150	10	1 500
	5	购入	100	12	1 200				250		
	11	销售				200			50		
	16	购入	200	14	2 800				250		
	20	销售				100			150		
	23	购入	100	15	1 500				250		
	27	销售				100			150		
	30	本期合计	400	—	5 500	400	—	5 090.5	150	12.73	1 909.5

从表2-7中可知，甲公司本期发出存货成本及期末结转存货成本如下：

D材料的单位成本＝（150×10＋100×12＋200×14＋100×15）÷

（150＋100＋200＋100）≈12.73（元）

期末结存存货成本＝150×12.73＝1 909.5（元）

本期发出存货成本＝1 500＋1 200＋2 800＋1 500－1 909.5＝5 090.5（元）

采用月末一次加权平均计算发出材料，优点在于平时只登记发出的数量，不登记金额，比较简单，较为均衡，计算工作量较小。但不足在于计算成本工作必须在月末进行，工作量较为集中，一般适用于前后单价相差幅度较大，且在月末结转其发出成本的材料。

4. 移动加权平均法

移动加权平均法是以每次进货的成本加上原有库存存货的成本，除以每次进货数量加上原有库存存货的数量，据以计算加权平均单位成本，作为在下次进货前计算各次发出存货的单位成本。

有关计算公式如下：

存货加权平均单价＝（原有库存存货实际成本＋本批收入存货实际成本）÷

（原有库存存货数量＋本批收入存货数量）

本次发出存货成本＝本次发出存货数量×本次发货前的存货加权平均单价

本月月末库存存货成本＝月末库存存货数量×本月月末存货加权平均单价

【例2-4】　按照移动加权平均法，甲公司5月D材料收入、发出与结存情况如表2-8所示。

表2-8　　　　　　　　　　　D材料明细账（移动加权平均法）　　　　　　　　　单位：元

日期		摘要	收入			发出			结存		
月	日		数量	单价	金额	数量	单价	金额	数量	单价	金额
2	1	期初余额							150	10	1 500
	5	购入	100	12	1 200				250	—	2 700
	11	销售				200	10.8	2 160	50	10.8	540
	16	购入	200	14	2 800				250	—	3 340
	20	销售				100	13.36	1 336	150	13.36	2 004
	23	购入	100	15	1 500				250	—	3 504
	27	销售				100	14.016	1 401.6	150	14.016	2 102.4
	30	本期合计	400	—	5 500	400	—	4 897.6	150	14.016	2 102.4

从表2-8中可知，甲公司本期发出存货成本及期末结转存货成本如下：

第一次购进D材料的单位成本＝（150×10＋100×12）÷（150＋100）＝10.8（元）

11日发出存货成本＝200×10.8＝2 160（元）

11日结存存货成本＝50×10.8＝540（元）

第二次购进D材料的单位成本＝（50×10.8＋200×14）÷（50＋200）＝13.36（元）

20日发出存货成本＝100×13.36＝1 336（元）

20日结存存货成本＝150×13.36＝2 004（元）

第三次购进 D 材料的单位成本＝（150×13.36＋100×15）÷（150＋100）＝14.016（元）

27 日发出存货成本＝100×14.016＝1 401.6（元）

本月结存存货成本＝150×14.016＝2 102.4（元）

移动加权平均法实际上是对月末一次加权平均法的改进，其优点在于能随时掌握库存存货的金额和单价，便于实物管理，而且计算的存货成本也比较客观，但是，每购进一次存货，均要重新计算一次加权平均单价，计算工作量较大，对存货收发频繁的企业不适用。

（二）实际成本计价法下材料发出时的账务处理

借：生产成本（生产产品领料）

制造费用（生产车间一般耗用领料）

管理费用（行政管理部门领料）

销售费用（销售部门领料）

贷：原材料（实际成本）

二、计划成本计价法下材料发出的核算

企业发出材料时，一律采用计划成本计价，届时根据不同的用途借记"生产成本""制造费用"等账户，贷记"原材料"账户。期末再将发出材料的计划成本调整成为实际成本。调整方法是将期末的材料成本差异在已经发出材料和期末结存材料之间进行分摊。材料成本差异率的计算公式为：

材料成本差异率＝（期初结存材料成本差异＋本期收入材料成本差异）÷

（期初结存材料计划成本＋本期收入材料计划成本 ）

本期发出材料应分摊的材料成本差异＝发出材料的计划成本×

材料成本差异率

计算的结果倘若是正数表示实际成本大于计划成本，超支；倘若是负数，表示实际成本小于计划成本，是节约。无论是超支还是节约，均借记"生产成本""制造费用""管理费用"等账户；贷记"材料成本差异"账户。超支用蓝字反映，节约用红字反映。

1. 材料发出时

借：生产成本

制造费用

　　管理费用

　　销售费用

　贷：原材料（计划成本）

2. 差异结转

借：生产成本（计划成本×差异率）

　　制造费用（计划成本×差异率）

　　管理费用（计划成本×差异率）

　　销售费用（计划成本×差异率）

　贷：材料成本差异（计划成本×差异率，超支用蓝字，节约用红字）

【例 2 - 5】　甲公司月初原材料账户余额 10 000 元，材料成本差异账户贷方余额 400 元，本月入库材料的计划成本 10 000 元，本月入库材料成本差异为贷方 100 元。

原材料成本差异率＝（－400－100）÷（10 000＋10 000）×100％＝－2.5％

接上例，根据本月发出材料凭证汇总表，本月生产车间用于产品生产领用材料 2 000 元，在建工程领用 1 000 元，在建工程领用材料应结转增值税进项税额 170 元，车间一般耗用材料 500 元，厂部领用 800 元。

（1）结转发出材料的计划成本

借：生产成本　　　　　　　　　　　　　　　　2 000

　　在建工程　　　　　　　　　　　　　　　　1 170

　　制造费用　　　　　　　　　　　　　　　　 500

　　管理费用　　　　　　　　　　　　　　　　 800

　贷：原材料　　　　　　　　　　　　　　　　4 300

　　应交税费——应交增值税（进项税额转出）　170

（2）结转本月发出材料成本差异

借：生产成本　　　　　　50（红字）

　　在建工程　　　　　　25（红字）

　　制造费用　　　　　　12.5（红字）

　　管理费用　　　　　　20（红字）

　贷：材料成本差异　　　107.5（红字）

"材料成本差异"是资产类账户，它是"原材料"账户的调整账户，用以反映原材料的实际成本与计划成本的差异。材料购进、加工回收验收入库时，实际成本大于计划成本，记入借方；实际成本小于计划成本，以及分摊发送材料成本差异时，记入贷方；期末余额若在借方，则表示库存材料的实际成本大于计划成本的差异。期末余额若在贷方，则表示库存材料的实际成本小于计划成本的差异。

任务四　存货的清查

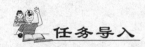任务导入

期末，材料库管理员李娜需要根据工作流程，对仓库中所存放的材料进行盘点，确定其实有数，但是管理员李娜不知从何入手，让我们来帮助一下李娜吧！

一、什么是存货清查

存货清查是检查存货的储存保管情况，确定存货账实是否相符，落实存货保管责任的主要手段。

二、存货清查的目的

财产清查是会计核算方法的重要组成部分，又是会计工作的重要环节，它对保证会计核算资料的真实性，保护投资者财产的安全完整和维护财经纪律加强财产物资的管理，都是十分必要的。

（1）通过财产清查，做到账实相符，保证会计信息的真实性、可靠性，保护各项财产的安全完整。

（2）通过财产清查，可以查明财产物资盘盈盘亏的原因，落实经济责任，从而完善企业管理制度，挖掘财产物资潜力，提高资金的使用效能，加速资金周转。

（3）通过财产清查，可以发现问题，及时采取措施弥补经营管理的漏洞，建立健全各项规章制度，提高企业的管理水平。

为什么要进行存货清查，简单地说，其目的是为了保护存货物资的安全完整，保证账实相符。造成账存数与实存数产生差异的原因是多方面的，简单归纳起来，一般有以下几种情况：

（1）财产物资在保管过程中发生的自然损益；

（2）在收发财产、物资时，由于计量、计算、检验不准确而发生的品种、数量、质量上的差错；

（3）在财产物资增减变动时，由于没有及时办理手续或在计算、登记上发生了差错；

（4）由于管理不善、制度不严造成财产物资的损坏、丢失、被盗；

（5）在账簿记录中发生的重记、漏记、错记；

（6）由于自然灾害造成的非常损失；

（7）未达账项引起的账账、账实不符等。

三、存货清查的分类

1. 按清查的对象和范围不同可分为全面清查和局部清查

（1）全面清查：是对本单位所有的财产物资进行全面的盘点和核对。其清查范围大、内容多、时间长、参与人员多，需要进行全面清查的清查情况通常主要有：年终决算之前；单位撤销、合并或改变隶属关系前；中外合资、国内合资前；企业股份制改制前；开展全面的资产评估、清产核资前；单位主要领导调离工作前。

（2）局部清查：是根据需要对部分财产物资进行盘点与核对。主要对流动性较大的财产的清查。局部清查范围小、内容少、时间短、参与人员少，但专业性较强。各项存货应有计划、有重点地抽查，贵重物品每月清查一次。

2. 按财产清查的时间分为定期清查和不定期清查

（1）定期清查：是根据管理制度的规定或预先计划安排的时间对财产物资进行的清查。这种清查的对象不定，可以是全面清查，也可以是局部清查。其清查的目的在于保证会计核算资料的真实、正确，定期清查一般在年末、季末或月末结账时进行。

（2）不定期清查：是根据实际需要对财产物资所进行的临时性清查。不定期清查多数情况下是局部清查，如改换财产物资保管人员进行的有关财产物资的清查，发生意外灾害等非常损失进行的损失情况的清查，有关部门进行的临时性检查，也可以是全面清查，如单位撤销、合并或改变隶属关系、编制年度财务会计报告前而进行的清查。

四、清查结果及报告

1. 存货清查的结果：账实相符、盘亏和盘盈
（1）盘亏：即账面数大于实际数。
（2）盘盈：即账面数小于实际数。
2. 存货清查结果的报告
根据清查结果填制"存货盘存表"。

五、清查的核算

（一）账户设置

"待处理财产损溢——待处理流动资产损溢"账户可用于核算企业在存货清查过程中查明的各种存货盘盈、盘亏和毁损的价值。

（二）存货清查的会计处理（如表 2-9 所示）

表 2-9   存货清查

清查结果	原因分析或说明	批准后的处理
盘盈	产品盘盈	冲减制造费用
	其他存货盘盈	冲减管理费用
盘亏	管理不善	列为管理费用
	无法确定过失人或赔偿单位	列为管理费用
	由过失人或责任单位引起	扣除过失人或责任单位赔款和保险赔款后的净额列入管理费用
	自然灾害	扣除残值和保险赔款后的净额列入营业外支出
	在产品盘亏	制造费用

1. 盘盈时账务处理

（1）批准前

借：原材料

　　库存商品

　　贷：待处理财产损溢——待处理流动资产损溢

（2）批准后

借：待处理财产损溢——待处理流动资产损溢

　　贷：管理费用

2. 盘亏和毁损时账务处理

（1）批准前

借：待处理财产损溢——待处理流动资产损溢

　　贷：原材料

　　　　库存商品

　　　　应交税费——应交增值税（进项税额转出）

（2）批准后（正常损失）

借：管理费用

　　贷：待处理财产损溢——待处理流动资产损溢

（3）批准后（非正常损失）

借：营业外支出

　　贷：待处理财产损溢——待处理流动资产损溢

【例 2－6】　光明机械厂存货盘存表上显示：

（1）主要材料盘盈 500 元，为计量不准确造成的；

（2）库存商品盘亏 200 元，系被职工张三偷盗，该部分库存商品所耗用的外购材料、劳务成本为 140 元；

（3）在产品盘亏 100 元，为管理不善造成，该部分在产品所耗用的外购材料、劳务成本为 60 元；

（4）燃料盘亏 800 元，该损失系台风所致，根据保险合同，此部分损失可向保险公司索赔 60%。

根据存货盘存表，作如下分录：

（1）结转盘盈存货的账面价值

借：原材料——原料及主要材料　　　　　　　　　　　　500

　　贷：待处理财产损溢——待处理流动资产损溢　　　　　　　500

（2）结转盘亏存货的账面价值

借：待处理财产损溢——待处理流动资产损溢　　　　1 100

　　贷：库存商品　　　　　　　　　　　　　　　　　　　　200

　　　　生产成本　　　　　　　　　　　　　　　　　　　　100

　　　　原材料——燃料　　　　　　　　　　　　　　　　　800

（3）转出燃料

在产品和库存商品的非正常损失的进项税额 170 元。

燃料的非正常损失的进项税额＝800×17％＝136（元）

在产品非正常损失的进项税额＝60×17％＝10（元）

库存商品非正常损失的进项税额＝140×17％＝24（元）

借：待处理财产损溢——待处理流动资产损溢　　　　170

　　贷：应交税费——应交增值税（进项税额转出）　　　170

（4）经批准后结转盘亏存货的损失

借：其他应收款——保险公司　　　　　　　　　　　562

　　　　　　　——职工张三　　　　　　　　　　　224

　　营业外支出　　　　　　　　　　　　　　　　　374

　　制造费用　　　　　　　　　　　　　　　　　　110

　　贷：待处理财产损溢——待处理流动资产损溢　　　1 270

（5）经批准后结转盘盈存货

借：待处理财产损溢——待处理流动资产损溢　　　　500

　　贷：管理费用　　　　　　　　　　　　　　　　　　500

任务五 存货业务制单实训

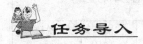任务导入

根据本月企业存货收发结存情况及期末清查情况，我们要编制存货核算岗位相关记账凭证了，我们来共同完成吧！

（1）2014 年 2 月 16 日，公司从徐州顺隆物资公司购入甲材料 1 000 千克，不含税单价 100 元/千克，增值税 17 000 元，发票已到，材料已验收入库，货款暂欠。收料单如表 2 - 10 所示，发票如表 2 - 11 所示。

表 2 - 10 收料单（一）

编号：001 　　　　　2014 年 2 月 16 日　　　　　单位：元

材料编号	材料名称	规格型号	单位	数量		实际单价	金额	运杂费	合计（实际成本）
				发票	实收				
001	甲材料		千克	1 000	1 000	100	100 000		100 000
供货单位			结算方法		合同号		计划单价		计划成本
备注									

主管：赵大　　　质检员：王二　　　仓库验收：李娜　　　经办人：李四

表2-11 江苏省增值税专用发票

江苏省国税局
监制章

开票日期：2014 年 2月 16日   No. 19947478

购货单位	名　　　称：九州机械制造有限责任公司 纳税人识别号：32028876818 地　址、电话：徐州市铜山新区嵩山路87372972 开户行及账号：工行新区支行12345678	密码区	1+51*3>2129327274 加密版本：01 >>/063>58320>/6458 3200092140 <8<-5<2*-724*373+> 19947459

货物或应税劳务名称	规格型号	单位	数量	单价	金额	税率	税额
甲材料	M16	千克	1 000	100.00	100 000.00	17%	17 000.00
合计					￥100 000.00		￥17 000.00

价税合计	（大写）⊗ 壹拾壹万柒仟元整	（小写）￥117 000.00

销货单位	名　　　称：徐州顺隆物资公司 纳税人识别号：311983868 地　址、电话：徐州市云龙区051687653476 开户行及账号：建行云龙支行323898949182	备注	徐州顺隆物资公司 发票专用章

收款人：　　　　复核：　　　　开票人：李燕　　　　销货单位(章)：

（2）2月16日，公司从徐州天宇贸易公司购入乙材料500千克，不含税单价200元/千克，增值税17 000元，材料已验收入库，货款暂欠。收料单如表2-12所示，发票如表2-13所示。

表2-12　　　　　　　　　　　收料单（二）

编号：001　　　　　　　　2014 年 2月 16日　　　　　　　　　　单位：元

材料编号	材料名称	规格型号	单位	数量		实际单价	金额	运杂费	合计（实际成本）
				发票	实收				
001	乙材料		千克	500	500	200	100 000		100 000
供货单位			结算方法		合同号		计划单价		计划成本
备注									

主管：赵大　　　　质检员：王二　　　　仓库验收：李娜　　　　经办人：李四

表 2 - 13　　　　　　　　　　江苏省增值税专用发票

3200092140

No. 19947478

开票日期　2014 年 2 月 16 日

购货单位	名　　　　称：九州机械制造有限责任公司 纳税人识别号：32028876818 地　址、电　话：徐州市铜山新区嵩山路87372972 开户行及账号：工行新区支行12345678	密码区	1+51*3>2129327274 加密版本：01 >>/063>58320>/6458 3200092140 <8<-5<2*-724*373+> 19947459

货物或应税劳务名称	规格型号	单位	数量	单价	金额	税率	税额
乙材料	C16	千克	500	200.00	100 000.00	17%	17 000.00
合计					￥100 000.00		￥17 000.00

价税合计	（大写）⊗壹拾壹万柒仟元整　　　　　　　　（小写）￥117 000.00

销货单位	名　　　　称：徐州天宇贸易公司 纳税人识别号：311983868 地　址、电　话：徐州市云龙区051687653476 开户行及账号：建行云龙支行323898949182	备注	徐州天宇贸易公司 发票专用章

收款人：　　　　复核：　　　　开票人：王燕　　　销货单位(章)

（3）2014 年 2 月 21 日，开出转账支票支付前欠徐州顺隆物资公司购入料款 70 000 元。资金支付审批单，如表 2 - 14 所示。

表 2 - 14　　　　　　　　　　资金支付审批单

2014 年 2 月 21 日

申请部门	采购部	申请人	黄晓明	申请金额		7 万
收款单位	徐州市顺隆物资有限公司			付款方式		转账支票
申请事由	支付材料款					
申请部门主管	黄晓明	财务主管	巩俐	总经理		张艺谋
批准金额	人民币（大写）⊗柒万元整　　　　　　（小写）￥70 000.00					
备注	尚欠 47 000 元					

```
┌─────────────────────────────────────┐
│            工商银行                    │
│          转账支票存根                  │
│                                       │
│            56891001                   │
│                                       │
│   附加信息 _____            │
│                                       │
│          _____            │
│                                       │
│          _____            │
│                                       │
│  出票日期  2014年2月21日               │
│  ├──────────────────────────┤        │
│  │ 收款人：徐州顺隆物资公司    │        │
│  ├──────────────────────────┤        │
│  │ 金  额：70 000.00          │        │
│  ├──────────────────────────┤        │
│  │ 用  途：材料款             │        │
│  ├──────────────────────────┤        │
│  │ 单位主管：巩俐  会计：章子怡 │        │
│  └──────────────────────────┘        │
└─────────────────────────────────────┘
```

（4）2014年2月21日，生产车间领用甲材料500千克用于生产A产品（如表2-15所示），领用乙材料200千克用于生产B产品（如表2-16所示）。

表 2-15　　　　　　　　　　　A产品领料单

领料部门：生产车间　　　　　　　　　　　　　　　　　　　　　　No. 001

日期 月	日	材料名称	数量（千克）	单价（元）	金额（元）	材料用途
2	21	甲材料	500	100	50 000	生产A产品
合计			500	100	50 000	

主管：赵大　　　　　记账：　　　　　仓库：李娜　　　　　领料：王五

表 2-16　　　　　　　　　　　B产品领料单

领料部门：生产车间　　　　　　　　　　　　　　　　　　　　　　No. 002

日期 月	日	材料名称	数量（千克）	单价（元）	金额（元）	材料用途
2	21	乙材料	200	200	40 000	生产B产品
合计			200	200	40 000	

主管：赵大　　　　　记账：　　　　　仓库：李娜　　　　　领料：王五

（5）2014 年 2 月 28 日，A、B 两种产品完工入库，A 产品 110 台，单位成本 1 000 元，B 产品 100 台，单位成本 700 元，如表 2 - 17 所示。

表 2 - 17　　　　　　　　　　A、B 产品入库单（记账联）

2014 年 2 月 28 日　　　　　　　　　　　　　　单位：元

名称	单位	数量	单价	金额	用途
A 产品	台	110	1 000	110 000	待售
B 产品	台	100	700	70 000	待售

审核：刘德华　　　　　　　仓库：李娜　　　　　　　制单：章子怡

（6）2014 年 2 月 28 日，汇总结转入库材料的计划成本及材料成本差异，如表 2 - 18 所示。

表 2 - 18　　　　　　　　　　收料凭证汇总表

单位：元　　　　　　　　　2014 年 2 月 28 日　　　　　　　附单据　张

材料名称	原料及主要材料			…	合计		
	实际成本	计划成本	差异额	…	实际成本	计划成本	差异额
A 材料	60 360	61 000	−640		60 360	61 000	−640
A 材料	98 195	95 160	3 035		98 195	95 160	3 035
B 材料	150 900	148 000	2 900		150 900	148 000	2 900
合计	309 455	304 160	5 295		309 455	304 160	5 295

制表人：卜华　　　　　　　　　　　账务主管：刘军

（7）2014 年 2 月 28 日，汇总表结转发出材料的成本，如表 2-19 所示。

表 2-19　　　　　　　　　　　发料凭证汇总表

2014 年 2 月 28 日　　　　　　　　　　　　　　　附单据 4 张

部门	材料名称	领用数量（千克）	计划单价（元）	计划总额（元）
生产甲产品	A 材料	950	122.00	115 900.00
	B 材料	350	148.00	51 800.00
	小计			
车间管理部门	B 材料	150	148.00	22 200.00
合计		1 450		189 900.00

账务主管：刘军　　　　　　　　　　　　　　制表人：卜华

（8）2014 年 2 月 28 日，该公司在对存货进行清查盘点时，盘盈 A 材料 12 千克，单价 120 元，共计 1 440 元，盘盈 B 产品 3 件，单价 2 000 元，共 6 000 元，如表 2-20 所示。原因待查。

表 2-20　　　　　　　　　　　存货盘点报告表

2014 年 2 月 28 日　　　　　　　　　　　　　　　单位：元

编号	名称规格	计量单位	数量		单价	盘盈		盘亏		原因
			账存	实存		数量	金额	数量	金额	
1	A 材料	千克	2 988	3 000	120.00	12	1 440			待查
2	B 产品	件	28	31	2 000.00	3	6 000			待查

项目三　往来核算岗位

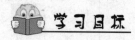 学习目标

【知识目标】

1. 了解往来核算岗位的含义。

2. 明确往来核算岗位的职责。

3. 理解并熟悉往来核算岗位的核算内容。

【能力目标】

1. 能够认知往来核算岗位的工作内容和职责。

2. 能够进行应收及应付账款、票据的核算。

3. 能够进行应付及预付账款、票据的核算。

【情感目标】

培养学生自学、勤于动手、勇于探究、解决实际问题、适应会计改革发展需要的能力。

任务一　往来核算岗位认知

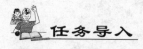 任务导入

3月9日，出售给长江公司 A 产品 800 件，单价 50 元，增值税率 17%，款未收（附件 1 张：发票）。

表3-1

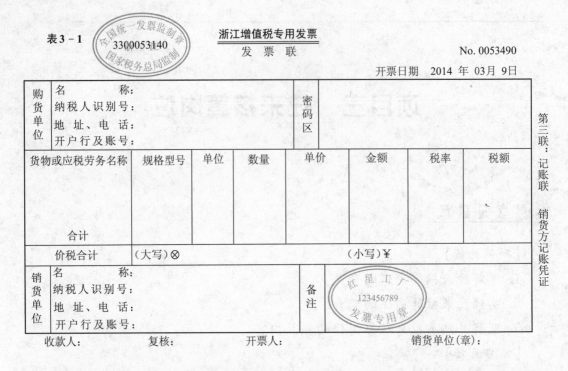

浙江增值税专用发票

发 票 联

No. 0053490

开票日期 2014 年 03 月 9日

购货单位	名　　　称：				密码区			
	纳税人识别号：							
	地址、电话：							
	开户行及账号：							
货物或应税劳务名称	规格型号	单位	数量	单价	金额	税率	税额	
合计								
价税合计	(大写)⊗				(小写)¥			
销货单位	名　　　称：				备注			
	纳税人识别号：							
	地址、电话：							
	开户行及账号：							

第三联：记账联　销货方记账凭证

收款人：　　　　　复核：　　　　　开票人：　　　　　销货单位(章)：

往来核算岗位是由经济信用产生的，反映企业与其内部和外部不同经济主体间的业务往来。本教材只核算购销往来和其他往来具体包括以下几方面的内容：应收及预付款项核算、应付及预收款项核算。

任务二　往来款项的核算内容

通过认知任务一的单据，我们对往来结算岗位有了初步的了解，下面我们共同来学习一下。

一、应收账款

应收账款是指企业在正常的经营过程中因销售商品产品、提供劳务等业务，应向购买单位收取的款项，包括应由购买单位或接受劳务单位负担的税金、代购买方垫付的各种运杂费等。企业应设置"应收账款"科目，该科目借方登记应收账款的增加数，贷方登记应收账款的减少数，余额在借方反映尚未收回的应收账款。

【例3-1】 A公司2009年5月10日向东海厂销售甲产品200件，单价150元，货款30 000元，增值税税额为5 100元，价税合计35 100元，商品发出时以支票代垫运杂费500元。5月11日到开户银行办理委托收款手续，5月15日接银行收账通知，委托收取的账款收讫。A公司有关账务处理如下：

（1）5月10日发出商品代垫运杂费时，根据支票存根编制付款凭证，分录为：

借：应收账款——代垫运杂费（东海厂） 500
    贷：银行存款 500

（2）5月11日办妥托收手续时，根据增值税专用发票和委托银行收款凭证回单编制转账凭证，会计分录为：

借：应收账款——东海厂 35 600
    贷：主营业务收入 30 000
      应交税费——应交增值税（销项税额） 5 100
      银行存款 500

（3）5月15日接银行通知收妥款项时，根据银行转来的银行结算凭证和收账通知，编制收款凭证，会计分录为：

借：银行存款 35 600
    贷：应收账款——东海厂 35 600

二、应收票据

应收票据是指企业持有的、尚未到期兑现的商业票据。是一种载有一定付款日期、付款地点、付款金额和付款人的无条件支付的流通证券，也是一种可以由持票人自由转让给他人的债权凭证。企业应设置"应收票据"科目，该科目借方登记应收票据的增加数，贷方登记应收票据的减少数，余额在借方反映尚未收回的应收票据。

例如：甲公司销售一批商品给A公司，商品已发出并开出增值税专用发票，发票上注明销售价款为30 000元，增值税税额为5 100元。甲公司当日收到A公司签发的一张不带息的商业承兑汇票，有效期限4个月。甲公司有关账务处理如下：

（1）销售当日取得应收票据的核算

借：应收票据——A公司　　　　　　　　35 100

　　贷：主营业务收入　　　　　　　　　　　30 000

　　　　应交税费——应交增值税（销项税额）　5 100

（2）4个月后应收票据到期，如数收到到期值的核算

借：银行存款　　　　　　　　　　　　　　35 100

　　贷：应收票据——A公司　　　　　　　　35 100

（3）4个月应收票据到期，无法收到到期值的核算

借：应收账款——A公司　　　　　　　　　35 100

　　贷：应收票据——A公司　　　　　　　　35 100

三、预付账款

预付账款是指企业按照购货合同的约定，提前支付给供应单位的款项，它属于企业的短期债权。在日常核算中，预付账款按实际付出的金额入账，如预付的材料、商品采购货款，必须预先发放的在以后收回的农副产品预购订金等。企业应设置"预付账款"科目，借方登记向供应单位预付的账款和补付的账款，贷方登记收到所购物资时，实际结算的预付账款和退回的多付款。

【例3-2】　A公司为增值税一般纳税人，2009年9月10日A公司与巨浪公司签订合同订购甲材料100千克，A公司通过开户银行向巨浪公司预付货款50 000元。9月15日A公司按期收到订购的甲材料100千克，增值税专用发票上注明货款50 000元，增值税税额为8 500元，价税合计58 500元，A公司对甲材料按实际成本核算。9月16日预付款不足部分通过开户银行补付给巨浪公司。A公司有关账务处理如下：

（1）9月10日预付账款时

借：预付账款——巨浪公司　　　　　　　　50 000

　　贷：银行存款　　　　　　　　　　　　　50 000

（2）9月15日收到A材料，按实际成本转账时

借：原材料——A材料　　　　　　　　　　　50 000

　　应交税费——应交增值税（进项税额）　8 500

　　贷：预付账款——巨浪公司　　　　　　　58 500

（3）9 月 16 日补付货款时

借：预付账款——巨浪公司   1 500

 贷：银行存款   1 500

四、其他应收款

其他应收款是企业应收款项的另一重要组成部分。核算企业除买入返售金融资产、应收票据、应收账款、预付账款、应收股利、应收利息、应收代位追偿款、应收分保账款、应收分保合同准备金、长期应收款等以外的其他各种应收及暂付款项。其他应收款通常包括暂付款，是指企业在商品交易业务以外发生的各种应收、暂付款项。企业发生的各项其他应收或者暂付款项时，应借记"其他应收款"科目，贷记有关科目；收回时应借记有关科目，贷记"其他应收款"科目。

【例 3 - 3】 A 公司车间技术员王海 2009 年 1 月 15 日外出开会预借差旅费 1 000 元，财务部门以现金支付。1 月 26 日归来后，同意王海报销差旅费 800 元，王海交回余款 200 元。

A 公司账务处理如下：

借：其他应收款——王海   1 000

 贷：库存现金   1 000

借：制造费用   800

  库存现金   200

 贷：其他应收款——王海   1 000

五、应付账款

应付账款是指企业因购买材料、商品或接受劳务等应支付给供应者的账款。应付账款是由于在购销活动中买卖双方取得物资与支付货款在时间上的不一致而产生的负债，即购货时款未付。应付账款账户贷方反映企业购买货物或接受劳务的应付但尚未支付的款项，借方反映应付账款的实际偿还数，期末余额在贷方，表示尚未支付的款项。

【例 3 - 4】 某企业向乙公司购进材料一批，共 1 000 千克，每千克计划成本为 51 元。材料已验收入库，月底，发票账单未到，款未付。

（1）月末，暂估入账时

借：原材料   51 000
　　贷：应付账款——乙公司   51 000

（2）下月初，红字冲回时

借：原材料   51 000（红字）
　　贷：应付账款——乙公司   51 000（红字）

六、应付票据

应付票据是指企业采用商业汇票结算方式，根据合同签发的承诺在一年内某一指定时期支付一定款项的书面凭证，包括银行承兑汇票和商业承兑汇票。我国商业汇票的付款期限最长不得超过 6 个月。企业应设置"应付票据"账户，该账户贷方反映应付票据实际发生数，借方反映票据实际承付数，期末余额在贷方，表示尚未支付的应付票据总额。

【例 3-5】　乙企业于 10 月 1 日开出为期 3 个月，面值为 234 000 元的银行承兑汇票（其中材料成本为 200 000 元，增值税为 34 000 元）用来购买材料，银行承兑汇票的手续费按面值的 1‰ 收取。账务处理如下：

（1）10 月 1 日购买材料开出银行承兑汇票时

借：在途物资   200 000
　　应交税费——应交增值税（进项税额）34 000
　　贷：应付票据   234 000

（2）支付银行承兑汇票手续费时

借：财务费用   2 340
　　贷：银行存款   2 340

（3）票据到期，企业支付票据面值时

借：应付票据   234 000
　　贷：银行存款   234 000

（4）票据到期，若企业无力偿还票款时

借：应付票据   234 000
　　贷：短期借款   234 000

七、预收账款

预收账款是指买卖双方协议商定，由购货方预先支付一部分货款给供货方而发生的一项负债。预收账款虽然表现为货币资金的增加，但并不是企业的收入，其实质是一项负债，要求企业在短期内以某种商品、提供劳务或服务来补偿。该账户贷方登记预收的货款，借方登记销售产品的收入和余款退回，期末贷方余额表示尚未付出产品的预付货款，借方余额表示少收应收的款项。

【例 3 - 6】　　3 月 10 日甲公司向乙公司出售 A 产品，预收乙公司货款 30 000 元。3 月 28 日，产品完工后，甲公司将 A 产品发出，其售价为 40 000 元，增值税为 6 800 元，冲回预收货款 30 000 元，不足部分由购货方补付。则相关账务处理如下：

（1）3 月 10 日甲公司预收货款时

借：银行存款　　　　　　　　　　　　　30 000

　　贷：预收账款——乙公司　　　　　　　　30 000

（2）3 月 28 日 产品销售实现时

借：预收账款——乙公司　　　　　　　　46 800

　　贷：主营业务收入——A 产品　　　　　　40 000

　　　　应交税费——应交增值税（销项税额）6 800

（3）购货单位补付货款时

借：银行存款　　　　　　　　　　　　　16 800

　　贷：预收账款——乙公司　　　　　　　　16 800

（4）如果 3 月 10 日预收货款为 50 000 元，则 3 月 28 日退款给乙公司时

借：预收账款——乙公司　　　　　　　　3 200

　　贷：银行存款　　　　　　　　　　　　　3 200

八、其他应付款

其他应付款是指与企业购销业务没有直接关系的应付、暂收款项，一般包括：应付经营租入固定资产租金、职工未按期领取的工资、存入保证金、其他应付及暂收其他单位的款项等。该账户贷方登记各种暂收、应付款项；借方登记各种暂收应付款项的付款或转销；期末贷方余额反映公司应付但尚未支付的其他应付款项。

【例 3 - 7】　　甲公司从 2009 年 1 月 1 日起，以经营租入方式租入生产车间用办公设备一批，每月租金 3 000 元，按季支付。3 月 31 日，甲公司以银行存款支付应付租金。甲公司的有关会计处理如下：

（1）1 月末计提应付经营租入固定资产租金

借：制造费用   3 000
  贷：其他应付款   3 000

（2）2月末计提应付经营租入固定资产租金

借：制造费用   3 000
  贷：其他应付款   3 000

（3）3月31日支付租金

借：其他应付款   6 000
  制造费用   3 000
  贷：银行存款   9 000

任务三　往来核算岗位的典型经济业务实训

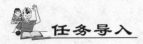
任务导入

在任务一、任务二里我们学到了往来核算岗位的内容以及简单的经济业务处理，这些都是在有借有还的基础上进行的账务处理，但是实际生活中会有很多还不上钱等其他需要特殊处理的情况，如果遇到这些情况该如何处理呢？那这些让我们一起学习一下吧！

一、现金折扣、商业折扣的业务处理

（一）现金折扣

1. 现金折扣

现金折扣是指债权人为了鼓励债务人在规定的期限内付款，而向债务人提供的债务扣除。现金折扣通常发生在以赊销方式销售货物及提供劳务的交易之中，企业为了鼓励客户提前偿付货款，通常与债务人达成协议，债务人在不同的期限内可以享受不同比例的折扣。现金折扣一般用符号"折扣/付款日期"表示。例如，3/10表示买方在10日内付款，可以享受售价的3%的折扣；2/20表示买方在20日内付款，可以按售价享受2%的折扣；n/30表示这笔交易额付款期限为30日之内，若20日之后30日之内付款，不享受任何的折扣。

2. 现金折扣会计处理方法

现金折扣的会计处理方法有总价法与净价法两种。我国会计实务处理中通常采用总价法。总价法，是在销售业务发生时，应收账款和销售收入按未扣减现金折扣前的实际发生的销售总金额作为对购货方提前付款的鼓励性支出。

3. 现金折扣的税务处理规则

《我国增值税处理条例》规定，现金折扣（销售折扣）的折扣额不得从销售额中扣除，折扣额应计入财务费用。《所得税法》规定，债权人为鼓励债务人在规定的期限内付款而向债务人提供的债务扣除属于现金折扣，销售商品涉及现金折扣的，应当按扣除现金折扣前的金额确定销售商品收入金额，现金折扣在实际发生时作为财务费用扣除。其实通俗地说，就是税法才不管你什么时候收款，以什么样的方式收款，反正你的商品值这么多钱，你就要按这个价钱交这么多的税。不过也确实发生了损失，就把它记在"财务费用"中，等交所得税的时候再给你扣除了。

4. 举例说明现金折扣在会计和税务当中的处理

【例 3 - 8】　甲公司为增值税一般纳税企业，适用的增值税率为 17%，2009 年 3 月 1 日，甲公司向乙公司销售商品一批，按价目表上标明的价格计算，不含增值税的售价总额为 20 000 元，为鼓励乙公司及早付清款项，甲公司规定的现金折扣条件为 2/10、1/20、n/30。按总价法的会计分录为：

借：应收账款——乙公司　　　　　　　23 400

　　贷：主营业务收入　　　　　　　　　20 000

　　　　应交税费——应交增值税（销项税额）3400

（1）现金折扣含增值税额的计算

①假定乙公司 3 月 10 日付款：

借：银行存款　　　　　　　　　　　　22 932

　　财务费用　　　　　　　　　　　　　468

　　贷：应收账款——乙公司　　　　　　23 400

②假定乙公司 3 月 20 日付款：

借：银行存款　　　　　　　　　　　　23 166

　　财务费用　　　　　　　　　　　　　234

　　贷：应收账款——乙公司　　　　　　23 400

③假定乙公司 3 月 30 日付款：

借：银行存款　　　　　　　　　　　　23 400

　　贷：应收账款——乙公司　　　　　　23 400

（2）现金折扣不含增值税额的计算

①假定乙公司 3 月 10 付款：

借：银行存款   23 000

  财务费用   400

  贷：应收账款——乙公司   23 400

②假定乙公司 3 月 20 日付款：

借：银行存款   23 200

  财务费用   200

  贷：应收账款——乙公司   23 400

③假定乙公司 3 月 30 日付款：

借：银行存款   23 400

  贷：应收账款——乙公司   23 400

（二）商业折扣

1. 商业折扣

商业折扣又称"折扣销售"，是指实际销售商品或提供劳务时，将价目单中的报价打一个折扣后提供给客户，这个折扣就叫商业折扣。商业折扣通常以百分数明列出来的，如 5%、10% 的形式表示出来，买方只需按照标明价格的百分比付款即可。

2. 商业折扣会计处理规则

根据《企业会计准则第 14 号——收入》的规则，销售商品涉及商业折扣的，应该遵照扣除商业折扣后的金额确定销售商品收入金额。在商业折扣的状况下，企业销售收入入账金额应按扣除销售折扣以后的实际销售金额加以确认，即以整个销售净额除税后贷记主营业务收入，以整个销售净额借记应收账款或银行存款，以应收账款与产品销售收入两者的差额贷记应交税费——应交增值税（销项税额）。

3. 商业折扣税务处理规则

（1）国家税务总局《对于确认企业所得税收入若干问题的通知》（国税函〔2008〕875 号）规则。企业为促进商品销售而在商品价格上给予的价格扣除属于商业折扣、商品销售涉及商业折扣的，应该遵照扣除商业折扣后的金额确定销售商品收入金额。对于商业折扣，现行增值税税法规定，假如销售额和折扣额是在同一张发票上分别注明的（普通发票或增值税发票的开具方法相同），能够按折扣后的余额作为销售额计算增值税、营业税和企业所得税；假如将折扣额另开发票，不管其在财务上如何处理，均不得从销售额中减除折扣额计算增值税、营业税和企业所得税。

（2）税法中认可的销售折扣仅指销售折扣与销售额在同一张发票注明的状况。《国家税务局对于企业销售折扣在计征所得税时如何处理问题的批复》（国税函〔1997〕472号）规定：纳税人销售货物给购货方的销售折扣，如果销售额和折扣额在同一张销售发票上注明的，可按折扣后的销售额计算缴纳所得税；如果将折扣额另开发票，则不得从销售额中减除折扣额。另外，在增值税处理上，国家税务总局对于印发《增值税若干具体问题的规定》的通知（国税发〔1993〕154号）规定：征税人采取折扣方法销售货物，如果销售额和折扣额在同一张发票上分别注明的，可按折扣后的销售额征收增值税；如果将折扣额另开发票，不管其在财务上如何处理，均不得从销售额中减除折扣额。

商业折扣仅限于货物价钱的折扣，如果销货方将自产、委托加工或购进的货物用于实物折扣的，则该实物款额不能从货物销售额中减除，且该实物应按《增值税暂行条例实行细则》"视同销售货物"中的"无偿赠送他人"的规则，计算缴纳增值税，同时计入应纳税所得额。

4. 案例解析商业折扣会计及税务处理

【例3-9】 某市一家乐家超市，是增值税一般纳税人企业，增值税税率为17%。为抢抓商机，增加销量，2012年1月开展节前促销活动，母婴柜节期开展"折扣销售"方式出售"大华牌全脂婴幼儿奶粉"，售（标）价23.4元/袋（200g），成本为13.5元/袋。规定在促销期内凡在本柜消费者一次购买5袋的，按七折优惠价格成交，并将折扣部分与销售额开具在同一张发票上。月末结账前，经核算1月消费者一次购买5袋的有200次，共出售了1 000袋，钱货当时两清（不考虑其他零售数额）。

（1）假定折扣部分与销售额开具在同一张发票上的会计处理：

借：库存现金　　　　　　　　　　　16 380

　　贷：主营业务收入　　　　　　　　14 000（23.4×1 000×70%÷1.17）

　　　　应交税费——应交增值税（销项税额）　2 380（14 000×17%）

同时，结转销售成本：

借：主营业务成本　　　　　　　　　13 500

　　贷：库存商品　　　　　　　　　　13 500

（2）价格折扣假定折扣部分与销售额开具在两张发票上的会计处理：

借：库存现金　　　　　　　　　　　16 380

　　销售费用　　　　　　　　　　　 7 020

　　　　贷：主营业务收入　　　　　　　　　　20 000（23.4×1 000÷1.17）
　　　　　　应交税费——应交增值税（销项税额）　　3 400（20 000×17%）
　　同时，结转销售成本时的会计处理：
　　借：主营业务成本　　　　　　　　　13 500
　　　　贷：库存商品　　　　　　　　　13 500
　　随着市场经济的发展，各种各样的销售方式都会随时产生，不再是以前的简单交易，你买，就掏钱；我卖，就给你货物。各种不同目的销售方式的产生，能够增加我们产品的竞争力，才能更快地带动我们社会经济的发展，更加迅速地积累我们的财富。当然了，万变不离其宗，无论何种销售方式的目的都是为了盈利，都要确认收入，都得交税。

二、坏账准备、坏账损失

　　同学们经常会对"坏账损失"和"坏账准备"的概念分不清楚，容易混淆，今天就带领大家一起来揭开两者的神秘面纱，好好区分一下它们。

（一）坏账损失

　　已经有确凿证据表明确实无法收回。比如说债务人死亡或者债务人破产，那么这部分款项确实无法收回了，所以就确认为"坏账损失"。
　　一般来说，应收账款符合下列条件之一的，就应将其确认为坏账：
　　（1）债务人死亡，以其遗产清偿后仍然无法收回的账款；
　　（2）债务人破产，以其破产财产清偿后仍然无法收回的账款；
　　（3）债务人较长时期内未履行其偿债义务，并有足够的证据表明无法收回或收回可能性极小的账款。
　　上述三个条件中的每一个条件都是充分条件，其中第 3 个条件是需要会计人员作出职业判断的。我国现行制度规定，上市公司坏账损失的决定权在公司董事会或股东大会。
　　坏账损失的核算有两种方法：直接转销法和备抵法。
　　1. 直接转销法
　　直接转销法，是指在实际发生坏账损失时，直接从应收账款中转销，列作当期管理费用的方法。
　　确认坏账时：
　　借：管理费用——坏账损失

　　贷：应收账款——××公司

已冲销的应收账款又收回：

　　借：应收账款——××公司

　　　贷：管理费用——坏账损失

同时：

　　借：银行存款

　　　贷：应收账款——××公司

直接转销法把发生的坏账损失直接列入当期损益，简单明了。但它没有将各个会计期间发生的坏账损失与应收账款相联系起来，影响收入与费用的正确配比，不符合会计核算的稳健性原则。这一方法适用于商业信用较少，坏账损失风险小的企业。

2. 备抵法

备抵法就是指企业按期估计可能产生的坏账损失，并列入资产减值损失，形成企业的坏账准备，待实际发生坏账损失时，再冲销坏账准备和应收账款的处理方法。计提坏账准备的方法有三种：应收账款余额百分比法、账龄分析法和销货百分比法。通常使用的是应收账款余额百分比法。这一方法适用于赊销金额大、坏账比例高，且数额较大的企业，更符合稳健性原则。备抵法的账务处理方法为：

（1）期末按一定标准计提坏账准备：

　　借：资产减值损失

　　　贷：坏账准备（计提数）

（2）确认无法收回的坏账：

　　借：坏账准备（确认数）

　　　贷：应收账款——××公司

（3）期末，若提取的坏账准备大于实际冲减数时：

　　借：坏账准备

　　　贷：资产减值损失

（4）期末，提取的坏账准备小于实际冲减数，需补提坏账准备时：

　　借：资产减值损失

　　　贷：坏账准备

（5）坏账损失又收回时：

　　借：应收账款——××公司

　　　贷：坏账准备

同时：

借：银行存款

　　贷：应收账款——××公司

（二）坏账准备

估计可能无法收回的部分，预先提取的准备。企业应当设置"坏账准备"科目，坏账准备科目的贷方登记当期计提的坏账准备金额，借方登记实际发生的坏账损失金额和冲减的坏账准备金额，期末余额一般在贷方，反映企业已计提但尚未转销的坏账准备。

坏账准备可按以下公式计算：

当期应计提的坏账准备＝当期按应收款项计算应提坏账准备金额－

（或＋）"坏账准备"科目的贷方（或借方）余额

企业计提坏账准备时，按应减记的金额，借记"资产减值损失—计提的坏账准备"科目，贷记"坏账准备"科目。

公司预计将来有一部分金额收不回来了，按照"谨慎性原则"计提坏账准备。

【例 3-10】　A 企业采用余额百分比法核算坏账损失，坏账准备的提取比例为 0.5%。

（1）若 A 企业从 2003 年开始计提坏账准备，年末应收账款余额为 100 万元。

（2）2012 年和 2013 年年末应收账款余额分别为 150 万元和 120 万元，这两年均未发生坏账损失。

（3）2014 年 6 月，确认应收 W 公司的坏账损失为 5 000 元，应收 Y 企业的坏账损失为 6 000 元。

（4）2014 年 12 月，上述已核销的 W 公司的坏账又收回。

（5）2014 年年末应收账款余额为 110 万元。

请问相关的会计分录怎么做？

$1\ 000\ 000 \times 0.5\% = 5\ 000$

借：资产减值损失　　　　　　　　　　　5 000

　　贷：坏账准备　　　　　　　　　　　　　5 000

2012 年年末：$1\ 500\ 000 \times 0.5\% - 5\ 000 = 2\ 500$

借：资产减值损失　　　　　　　　　　　2 500

　　贷：坏账准备　　　　　　　　　　　　　2 500

2013 年年末：$1\ 200\ 000 \times 0.5\% - 7\ 500 = 1\ 500$

借：坏账准备　　　　　　　　　　　　　　15 00

　　贷：资产减值损失　　　　　　　　　　　　15 00

借：坏账准备　　　　　　　　　　　　　11 000

　　贷：应收账款——W 公司　　　　　　　　5 000

　　　　　　　——Y 企业　　　　　　　　6 000

借：应收账款——W 公司　　　　　　　　5 000

　　贷：坏账准备　　　　　　　　　　　　　5 000

借：银行存款　　　　　　　　　　　　　5 000

　　贷：应收账款——W 公司　　　　　　　　5 000

2014 年年末：1 100 000×0.5‰－6 000＋1 500＝1 000

借：资产减值损失　　　　　　　　　　　1 000

　　贷：坏账准备　　　　　　　　　　　　　1 000

任务四　往来核算岗位制单实训

任务导入

根据会计核算流程，通过任务一的原始凭证，要编制往来核算岗位相关记账凭证了，我们来共同完成吧！

（1）3 月 1 日，销售科职工王新民赴南京开商品展销会，经批准向财务科借差旅费 2 000 元，财务人员审核无误后付现金。（填制借款单，如表 3-2 所示）

表 3-2

借款单

年　月　日

部　门		借款事由		
借款金额	金额（大写）⊗		（小写）￥	
批准金额	金额（大写）⊗		（小写）￥	
领导		财务主管		借款人

（2）3 月 8 日，向本市纺织厂购进棉布 100 匹，单价每匹 3 000 元，增值税 51 000 元，款项尚未支付，材料验收入库。（填制材料入库单，如表 3-3 所示）

表 3-3 　　　　　　　　　　　材料入库单

供应单位：　　　　　　　　　　　年　月　日

发票号：111078 　　　　　　　　　　　　　　　　　　字第　号

	材料名称	规格材质	计量单位	应收数量	实收数量	单价	金额									
							千	百	十	万	千	百	十	元	角	分
			运杂费													
			合计													
备注																

第二联记账联

仓库　　　　　会计　　　　　　收料员　　　　　　制单：

(3) 3 月 9 日，王新民开会回来报销差旅费 1 850 元，退回现金 150 元，由出纳开出收据一张，如表 3-4 所示。

表 3-4 　　　　　　　　　　　统一收款收据

2014 年 3 月 9 日

交款单位或交款人		收款方式	
事由＿＿＿＿＿＿＿＿＿＿＿＿			备注：
金额（人民币大写）：＿＿＿＿＿＿＿＿　（小写）￥			

收款人：　　　　　　收款单位（盖章）

差旅费报销单，如表 3-5 所示。

表 3 - 5   差旅费报销单

部门：销售科   2014 年 3 月 9 日

姓名	李大民		出差事由			部门开会			出差自 2014 年 3 月 1 日			共 8 天	
									至 2014 年 3 月 8 日				
起讫时间及地点						车船票		夜间乘车补助费			出差乘补费			住宿费		其他	

月	日	起	月	日	讫	类别	金额	时间	标准	金额	日数	标准	金额	金额	摘要	金额
3	1	烟台	3	1	济南	飞机	380									
3	8	济南	3	8	烟台	飞机	380				6	15	90	1 000		
小计								760						90	1 000	

附单据 共叁张

合计金额（大写）：⊗壹仟捌佰伍拾元整

备注：预借 2 000.00   核销 1 850.00   退补 150.00

单位领导：许光前   财务主管：李林   审核：王劲松   填报人：李大民

（4）3 月 23 日开出转账支票 54 000 元，归还前欠东方针织厂购货款。（填制转账支票，如表 3 - 6 所示）

表 3 - 6   转账支票

中国建设银行(鲁) 转账支票存根 No.33888990 附加信息 _____ _____ 出票日期 年 月 日 收款人： 金 额： 用 途： 单位主管 会计	本支票付款期限十天	中国建设银行**转账支票**(苏) 烟台 No.33888990 出票日期（大写） 年 月 日 付款行名称： 收款人：.................. 出票人账号： 人民币 ▓▓▓▓▓▓ 百十万千百十元角分 （大写） 用途：_____ 上列款项请从 我账户内支付 复核 记账 出票人签章

项目四   固定资产核算岗位

学习目标

【知识目标】

1. 理解固定资产的含义及特征。

2. 掌握固定资产增加及在建工程的核算。

3. 掌握固定资产折旧的计算方法及账务处理。

4. 掌握固定资产清理的核算。

【能力目标】

1. 能够认知并填制固定资产的相关原始凭证。

2. 能够根据固定资产原始凭证编制记账凭证。

3. 学会计算固定资产折旧。

4. 学会登记固定资产明细账。

【情感目标】

培养学生认真细致、严谨规范的实际操作技能及认真、谨慎、一丝不苟的职业意识。

任务一   认知固定资产交接（验收）单及折旧费用分配表

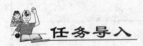

任务导入

企业购入的原材料入库时要填制"收料单"，企业购入固定资产投入使用时，也要有相应的原始凭证，这就是"固定资产交接（验收）单"，固定资产计提折旧时要有"固定资产折旧计算表"或"折旧费用分配表"，这些原始凭证一般为企业自制原始凭证，因此，各单位所采用的格式可能会有所不同，下面给出几种格式供同学们参考。

1. 固定资产验收单（如表4-1所示）

表4-1　　　　　　　　　　　　固定资产验收单

使用部门：企划部　　　　　　　　　　2013年12月2日　　　　　　　　　　单位：元

固定资产名称	计量单位	数量	金额	预计可使用年限	备注
方正笔记本电脑	台	1	8 892.00	5	购进
使用部门	单位负责人意见		管理部门意见		使用部门验收签名
企划部	同意使用 李辉 2013年12月2日		验收合格，可移交使用。 戴亚 2013年12月2日		同意接受 李俊 2013年12月2日

2. 固定资产交接（验收）单（如表4-2所示）

表4-2　　　　　　　　　　　固定资产交接（验收）单

移交单位：　　　　　　　　　　　　　　　　　　交接根据：

接收单位：　　　　　　　　　　　编号：　　　　　交接时间：

固定资产名称		规格型号		用途		固定资产编号	
建造单位		出厂或建筑日期		图纸号或说明书		附属设备或建筑	
是否与技术条件相符		是否需要安装		运行或实验结果		附件	
是				良好			
简略鉴定说明：合格							
验收小组结论：合格							
预计使用年限		预计净残值		预计净残值率		预计大修理	
						次数	费用
固定资产原始价值：							
总价	土建工程费	设备费	搬运费	包装费	安装费	其他	合计
验收小组全体成员签章							

厂长或负责人：　　　　　　　固定资产管理部门：　　　　　　　财会部门：

3. 新增固定资产验收单（如表 4-3 所示）

表 4-3   新增财产验收单
单位名称：华盛有限责任公司   2014 年 12 月 11 日

设备名称	型　号	供应商或厂家	出厂日期	使用年月	使用单位
锅炉	YCT160—4A—2	南海有限责任公司	2013 年 6 月 10 日	2013 年 12 月 11 日	生产车间
厂总负责	安装部门	验收部门负责人		预计使用年限 15 年	
张玉	王小辉	周立影		原值 94 800 元	

4. 固定资产折旧计算表（如表 4-4 所示）

表 4-4   固定资产折旧计算表
2014 年 12 月 31 日

固定资产使用部门	固定资产名　称	上月计提折旧额	本月增加折旧额	本月减少折旧额	本月计提折旧额
生产车间	房屋	10 000			10 000
	设备	5 000	1 000		6 000
小计		15 000	1 000		16 000
管理部门	房屋	8 000			8 000
	设备	3 000		500	2 500
小计		11 000		500	10 500
合计		26 000	1 000	500	26 500

5. 折旧费用分配表（如表 4-5 所示）

表 4-5   折旧费用分配表
2014 年 12 月 31 日

部门	原价	月折旧率	月折旧额
生产车间	600 000	0.6%	3 600
行政管理部门	200 000	0.6%	1 200
合计	800 000		4 800

任务二　固定资产的取得方式

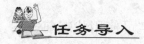 **任务导入**

我们已经认识了固定资产的交接验收单，那么企业的资产符合什么条件可以作为固定资产入账？企业的固定资产又有怎样的取得方式，不同渠道取得的固定资产的核算方法又是怎样的？请同学通过下面的学习回答这些问题。

一、固定资产的含义及特征

固定资产是指同时具有下列特征的有形资产：

（1）为生产商品、提供劳务、出租或经营管理而持有的；

（2）使用寿命超过一个会计年度。

首先，企业持有固定资产的目的是用于生产商品、提供劳务、出租或经营管理，而不是直接用于出售。其中，出租是指以经营租赁方式出租的机器设备等，以经营租赁方式出租的建筑物属于企业的投资性房地产。

其次，固定资产的使用寿命超过一个会计年度。该特征使固定资产明显区别于流动资产。使用寿命超过一个会计年度，意味着固定资产属于长期资产。固定资产的使用寿命，是指企业使用固定资产的预计期间，或者该固定资产所能生产产品或提供劳务的数量。通常情况下，固定资产的使用寿命是指使用固定资产的预计使用期间，某些机器设备或运输设备等固定资产的使用寿命，也可以以该固定资产所能生产产品或提供劳务的数量来表示，例如，发电设备可按其预计发电量估计使用寿命。

最后，固定资产必须是有形资产，该特征将固定资产与无形资产区别开来。有些无形资产可能同时符合固定资产的其他特征，如无形资产是为生产商品、提供劳务而持有，使用寿命超过一个会计年度，但是由于其没有实物形态，所以不属于固定资产。有生命的动物和植物属于生物资产，应当按照生物资产准则的有关规定进行会计处理。本书不涉及生物资产的相关内容。

二、固定资产的初始计量

固定资产初始计量是指确定固定资产的取得成本，即应当按照成本进行初始计量。

固定资产的成本，是指企业购建某项固定资产达到预定可使用状态前所发生的一切合理、必要的支出。这些支出包括直接发生的价款、运杂费、包装费和安装成本等，也包括间接发生的，如应承担的借款利息、外币借款折算差额以及应分摊的其他间接费用。固定资产取得方式不同成本构成也有所不同。

（一）外购固定资产

企业外购固定资产的成本，包括购买价款、进口关税等相关税费及使固定资产达到预定可使用状态前所发生的可归属于该项资产的运输费、装卸费、安装费和专业人员服务费等。

【例 4-1】 某企业购入一台需要安装的设备，取得的增值税发票上注明的设备买价为 50 000 元，增值税额为 8 500 元，支付的运输费为 1 500 元，设备安装时领用工程用材料价值 1 000 元（不含税），购进该批工程用材料的增值税为 170 元，设备安装时支付有关人员工资 2 000 元。求该固定资产的成本。

该固定资产的成本＝50 000＋1 500＋1 000＋2 000＝54 500（元）

（二）自行建造固定资产

企业通过自行建造的固定资产，其入账价值应当按照该项资产达到预定可使用状态前所发生的必要支出确定。

（三）投资者投入固定资产

投资者投入固定资产的成本，应当按照投资合同或协议约定的价值确定，但合同或协议约定价值不公允的除外。

（四）接受捐赠固定资产

企业接受捐赠的固定资产，应按以下规定确定其入账价值：

（1）捐赠方提供了有关凭据的，按凭据上标明的金额加上应支付的相关税费，作为入账价值。

（2）捐赠方没有提供有关凭据的，按如下顺序确定其入账价值：

①同类或类似固定资产存在活跃市场的，按同类或类似固定资产的市场价格估计的金额，加上应支付的相关税费，作为入账价值。

②同类或类似固定资产不存在活跃市场的，按该接受捐赠的固定资产的预计未来现金流量现值，作为其入账价值。

（3）如接受捐赠的系旧的固定资产，按照上述方法确认的固定资产原价，减去按该项资产的新旧程度估计的价值损耗后的余额，作为入账价值。

（五）盘盈的固定资产

盘盈的固定资产，按以下规定确定其入账价值：

（1）同类或类似固定资产存在活跃市场的，按同类或类似固定资产的市场价格，减去按该项资产的新旧程度估计的价值损耗后的余额，作为入账价值。

（2）同类或类似固定资产不存在活跃市场的，按该项固定资产的预计未来现金流量现值，作为入账价值。

三、固定资产取得的核算

为了核算企业固定资产的增加、减少等情况，应设置"固定资产"账户。

（1）账户性质：资产类。

（2）核算内容：核算企业固定资产的原始价值。

（3）账户结构：

固定资产

增加的固定资产原值	减少的固定资产原值
企业现有固定资产原值	

（4）明细账户：企业应设置"固定资产登记簿""固定资产卡片"按固定资产类别、使用部门和每项固定资产进行明细核算。

（一）购入固定资产的核算

企业购入的固定资产，有的需要经过比较复杂的安装、调试和试运行，才能在生产经营中使用称为需要安装的固定资产。有的就不需要经过安装过程，购入后即可使用，称为不需要安装的固定资产。

1. 购入不需要安装的固定资产

按照税法规定，如果企业是 2009 年之后购入用于生产经营用的固定资产，购入时其增值税是可允许抵扣的。在这种情况下，企业应根据购入时实际支付的价款（包括买价、支付的税费、包装费、运输费等），直接做会计分录：

借：固定资产
　　应交税费——应交增值税（进项税额）
　　贷：银行存款
　　　　应付账款

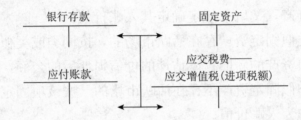

【例 4 - 2】　某公司以银行存款购入不需要安装的设备一台，价款 6 000 元，支付增值税款 1 020 元，另支付包装费 220 元。

借：固定资产——××设备　　　　　　　6 220
　　应交税费——应交增值税（进项税额）　　1 020
　　贷：银行存款　　　　　　　　　　　　　　　7 240

如果企业购入的是非生产经营用设备或税法规定不允许抵扣增值税的小汽车、摩托车、游艇等，其增值税不允许抵扣时，应将购入时的增值税计入到购入固定资产的成本中。企业应根据购入时所发生的实际成本直接借记"固定资产"，贷记"银行存款""应付账款"等账户。

借：固定资产
　　贷：银行存款
　　　　应付账款

2. 购入需要安装的固定资产

如果购入的固定资产是需要安装的，那么购入时应该先通过"在建工程"账户进行核算，通过"在建工程"账户核算其成本，待完工时再将完工成本转入"固定资产"账户。步骤如下：

（1）按支付的价款、增值税、运杂费等：

借：在建工程
　　应交税费——应交增值税（进项税额）

贷：银行存款（应付账款等账户）

（2）领用的原材料其进项税额也是可以抵扣的：

借：在建工程

　　贷：原材料

（3）应支付的安装人员工资：

借：在建工程

　　贷：应付职工薪酬——工资

（4）按支付的安装费用：

借：在建工程

　　贷：银行存款

（5）安装完毕交付使用时，按总成本：

借：固定资产

　　贷：在建工程

【例 4-3】　企业以银行存款购入需要安装设备一台，价款 20 000 元，增值税 3 400 元，运杂费 600 元。安装时支付安装费 2 000 元，领用企业原材料 1 000 元，设备安装完毕交付使用。

（1）支付设备的价款、增值税、运杂费等：

借：在建工程——安装工程　　　　　　　 20 600

　　应交税费——应交增值税（进项税额）　3 400

　　贷：银行存款　　　　　　　　　　　　　　　24 000

（2）支付安装费用：

借：在建工程——安装工程　　　　　　　　2 000

　　贷：银行存款　　　　　　　　　　　　　　　2 000

（3）领用原材料：

借：在建工程——安装工程　　　　　　　　1 000

　　贷：原材料　　　　　　　　　　　　　　　　1 000

（4）设备安装完毕交付使用时，按总成本：

借：固定资产　　　　　　　　　　　　　　23 600

　　贷：在建工程——安装工程　　　　　　　　　23 600

以下为两者账户结构图：

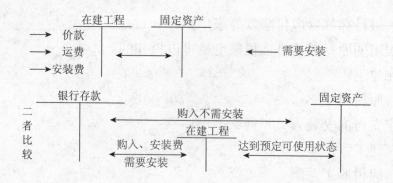

如果该资产在安装过程中领用了原材料，并且购入固定资产时进项税额是允许抵扣的，那么领用的原材料其进项税额也是可以抵扣的，不需要再做进项税额转出处理了。

借：在建工程

　　贷：原材料

如果该资产在安装过程中领用了原材料，并且购入固定资产时进项税额是不允许抵扣的，那么领用的原材料其进项税额也就不可以抵扣，应该做进项税额转出处理，应该编制如下会计分录：

借：在建工程

　　贷：原材料

　　　　应交税费——应交增值税（进项税额转出）

（二）投资者投入的固定资产

在这情况下，接受投资方应按投资各方确认的价值，但合同或协议约定价值公允的除外，借记"固定资产"账户，按照专用发票上注明的增值税额，借记"应交税费——应交增值税（进项税额）"账户，按照固定资产与增值税的合计数，贷记"实收资本"账户。

【例 4 - 4】　某公司为一般纳税人，收到大华公司投入的甲设备一台，经资产评估师评估后投资各方确认的价值为 10 000 元。

借：固定资产　　　　　　　　　　　　　　　　10 000

　　应交税费——应交增值税（进项税额）　　　1 700

　　　贷：实收资本（股本）　　　　　　　　　　　11 700

（三）接受捐赠的固定资产

接受方按捐赠方提供的有关凭据上表明的金额加上应支付的相关税费，作为确定的入账价值，如果捐赠方未提供有关凭据则按公允价值作为入账价值。

企业接受捐赠转入的固定资产，按照确认的固定资产价值（已扣除增值税）借记"固定资产"账户；按照专用发票注明的增值税额，借记"应交税费——应交增值税（进项税额）"账户。如果捐出方代为支付了固定资产进项税额，则按照增值税进项税额与固定资产的合计数，贷记"营业外收入"等账户；如果接受捐赠企业自行支付固定资产增值税，则应按支付的固定资产增值税进项税额，贷记"银行存款"等账户，按接受捐赠固定资产的价值，贷记"营业外收入"账户。

借：固定资产

应交税费——应交增值税（进项税额）

贷：营业外收入——捐赠利得

银行存款

【例 4-5】　某企业接受捐赠设备一台，增值税发票载明价款 5 000 元，增值税 850 元，设备运回时支付运杂费 300 元。

借：固定资产　　　　　　　　　　　　　　　　　5 300

应交税费——应交增值税（进项税额）　　　　850

贷：营业外收入——捐赠利得　　　　　　　　　5 000

银行存款　　　　　　　　　　　　　　　1 150

（四）盘盈的固定资产

在这种情况下，企业固定资产就"变成"了与企业存货相同的资产。因此，盘盈的固定资产，企业并没有支付相应的对价，或者说只是企业资产管理原因所发生的内部经济业务，并非与其他经济主体的交易所发生的外部经济业务，因此，不能产生增值税销项税额，也不能抵扣进项税额。

企业在盘盈固定资产时，首先应按同类固定资产的市场价格，减去该项资产的新旧程度估计的价值损耗后的余额，借记"固定资产"，贷记"以前年度损益调整"。其次再计算应纳的所得税费用，借记"以前年度损益调整"科目，贷记"应交税费——应交所得税"。最后将余额转为留存收益，借记"以前年度损益调整"，贷记"盈余公积——法定盈余公积 10%"，两者的差额贷记"利润分配——未分配利润"。

【例 4-6】　某企业于 2014 年 6 月 8 日对企业全部的固定资产进行盘查，盘盈一台 7 成新的机器设备，该设备同类产品市场价格为 100 000 元，企业所得税税率为 25%。按净利润的 10% 提取法定盈余公积，那么该企业的有关会计处理为：

（1）盘盈固定资产时：

借：固定资产　　　　　　　　　　70 000

　　贷：以前年度损益调整　　　　　　70 000

（2）确定应缴纳的所得税时：

借：以前年度损益调整　　　　　　17 500

　　贷：应交税费——应交企业所得税　　17 500

（3）结转为留存收益时：

借：以前年度损益调整　　　　　　52 500

　　贷：盈余公积——法定盈余公积　　　5 250

　　　　利润分配——未分配利润　　　47 250

我国会计准则规定，盘盈的固定资产应作为企业以前年度的损益调整，补交企业所得税。同时《企业所得税暂行条例》规定盘盈的固定资产不得计提折旧，这样企业运用盘盈资产所产生的价值损耗不能作为税前扣除。

任务三　固定资产折旧的计提

任务导入

企业的固定资产投入使用后，在使用过程中会逐渐磨损，其价值会逐渐损耗而转移到产品成本或费用中去，为了在固定资产价值损耗完毕报废时，重新购进新的固定资产，就需要将其在使用中损耗的价值通过计提折旧的形式从产品销售收入中收回。那么怎样为固定资产计提折旧呢？通过下面的学习来了解。

一、固定资产折旧的概念

固定资产折旧，简称折旧，是指在固定资产使用寿命内，按照确定的方法对应计提的折旧额进行的系统分摊。

使用寿命是指固定资产预期使用的期限。

应计折旧额是指应当计提折旧的固定资产的原价扣除其预计净残值后的金额。已计提减值准备的固定资产，还应当扣除已计提的固定资产减值准备累计金额。

预计净残值是指假定固定资产预计使用寿命已满并处于使用寿命终了时的预期状态，企业目前从该项资产处置中获得的扣除预计处置费用后的金额。

二、影响固定资产折旧的因素

（一）固定资产原值

计提固定资产折旧的基数是固定资产的原始价值或固定资产的账面净值。企业会计制度规定，一般以固定资产的原值作为计提折旧的依据，选用双倍余额递减法的企业，以固定资产的账面净值作为计提折旧的依据。

（二）固定资产的净残值

固定资产的净残值是指假定固定资产预计使用寿命已满并处于使用寿命终了时的预期状态，企业目前从该项资产处置中获得的扣除预计处置费用以后的金额。由于在计算折旧时，对固定资产的残余价值和清理费用是人为估计的，所以净残值的确定有一定的主观性。

（三）固定资产的使用寿命

固定资产的使用寿命，是指企业使用固定资产的预计期限，或者该固定资产所能生产产品或提供劳务的数量。固定资产使用寿命的长短直接影响各期应计提的折旧额。在确定固定资产使用寿命时，主要应当考虑下列因素：

（1）该项资产预计生产能力或实物产量；

（2）该项资产预计有形损耗，如设备使用中发生磨损、房屋建筑物受到自然侵蚀等；

（3）该项资产预计无形损耗，如因新技术的出现而使现有的资产技术水平相对陈旧、市场需求变化使产品过时等；

（4）法律或者类似规定对该项资产使用的限制。

固定资产预计使用年限和预计净残值，一经确定不得随意变更。

（四）固定资产减值准备

固定资产减值是指固定资产发生损坏、技术陈旧或者其他经济原因，导致其可收回金额低于其账面价值。如果固定资产的可收回金额低于其账面价值，应当按可收回金额低于其账面价值的差额计提减值准备，并计入当期损益。

固定资产减值损失一经确认，在以后会计期间不得转回。

（五）固定资产折旧方法

企业应当根据与固定资产有关的经济利益预期实现方式，合理选择固定资产的折旧方法，可选用的折旧方法有：平均年限法、工作量法、双倍余额递减法和年数总和法。不同的折旧方法各期计算的折旧额有所不同。

固定资产折旧方法一经确定，不得随意变更。

三、计提折旧的固定资产范围

（一）空间范围

除以下情况外，企业应对所有固定资产计提折旧：

（1）已提足折旧仍继续使用的固定资产；

（2）按规定单独估价作为固定资产入账的土地。

以融资租赁方式租入的固定资产和以经营租赁方式租出的固定资产，应当计提折旧。以融资租赁方式租出的固定资产和以经营租赁方式租入的固定资产，不应当计提折旧。

确定折旧范围时应注意的几个问题：

（1）已达到预定可使用状态的固定资产，无论是否交付使用，尚未办理竣工决算的，应当按照估计价值确认为固定资产，并计提折旧；待办理了竣工决算手续后，再按实际成本调整原来的暂估价值，但不需要调整原已计提的折旧额。

（2）融资租入的固定资产，应当采用与自有应计折旧资产相一致的折旧政策。能够合理确定租赁期届满时取得租赁资产所有权的，应当在租赁资产使用寿命内计提折旧。无法合理确定租赁期届满时能够取得租赁资产所有权的，应当在租赁期与租赁资产使用寿命两者中较短的期间内计提折旧。融资租出的固定资产和以经营租赁方式租入的固定资产，不应当计提折旧。

（3）处于更新改造过程停止使用的固定资产，应将其账面价值转入在建工程，不再计提折旧。更新改造项目达到预定可使用状态转为固定资产后，再按重新确定的折旧方法和该项固定资产尚可使用寿命计提折旧。

（4）因进行大修理而停用的固定资产，应当照提折旧，计提的折旧额应计入相关资产成本或当期损益。

（二）时间范围

企业在实际计提固定资产折旧时，一般应按月计提固定资产折旧。

当月增加的固定资产，当月不提折旧，从下月起计提折旧；当月减少的固定资产，当月照提折旧，从下月起不提折旧。固定资产提足折旧后，不论能否继续使用，均不再提取折旧；提前报废的固定资产，也不再补提折旧。

四、计提固定资产折旧的方法

可选用的折旧方法包括年限平均法、工作量法、双倍余额递减法和年数总和法等。固定资产的折旧方法一经确定，不得随意变更。

（一）直线法

直线法又称平均年限法，是指将固定资产的应计折旧额均衡地分摊到固定资产预计使用寿命内的一种方法，如下图所示。这种方法最大特点是：每期计算的折旧额均是相等的、不变的。

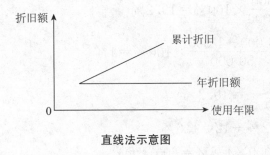

直线法示意图

其计算公式如下：

$$年折旧额 = \frac{固定资产原值 - 预计净残值}{预计使用年限}$$

$$或 = \frac{固定资产原值 \times （1 - 预计净残值率）}{预计使用年限}$$

$$预计净残值率 = 预计净残值 \div 固定资产原值 \times 100\%$$

$$年折旧率 = \frac{年折旧额}{固定资产原值} \times 100\%$$

$$或 = \frac{1-预计净残值率}{预计使用年限} \times 100\%$$

$$月折旧率 = 年折旧率 \div 12$$

$$月折旧额 = 固定资产原值 \times 月折旧率$$

$$年折旧额 = \frac{固定资产原始价值 - 预计净残值}{预计使用年限}$$

$$或 = \frac{固定资产原始价值 \times (1-预计净残值率)}{预计使用年限}$$

注：预计净残值率 = 预计净残值额 ÷ 固定资产原值 × 100%

$$年折旧率 = \frac{年折旧额}{固定资产原值} \times 100\%$$

$$或 = \frac{1-预计净残值率}{预计使用年限} \times 100\%$$

$$月折旧率 = 年折旧率 \div 12$$

$$月折旧率 = 固定资产原值 \times 月折旧率$$

【例 4-7】 设备一台价值 50 000 元，预计残值 3 000 元，预计清理费用 1 000 元，预计使用年限 5 年。采用直线法计提折旧。

$$年折旧额 = \frac{50\,000 - (3\,000 - 1\,000)}{5} = 9\,600$$

$$年折旧率 = \frac{9\,600}{50\,000} \times 100\% = 19.2\%$$

$$或净残值率 = \frac{3\,000 - 1\,000}{50\,000} \times 100\% = 4\%$$

$$年折旧率 = \frac{1 - 4\%}{5} = 19.2\%$$

$$月折旧率 = 19.2\% \div 12 = 1.6\%$$

$$月折旧额 = 50\,000 \times 1.6\% = 800 （元）$$

(二) 工作量法

工作量法是指根据实际工作量计提折旧额的一种方法。

其基本计算公式为：

$$单位工作量折旧额 = \frac{固定资产原值 \times (1-预计净残值率)}{预计总工作量}$$

$$某项固定资产月折旧额 = 该项固定资产当月工作量 \times$$
$$每单位工作量折旧额$$

【例 4-8】 假设某项设备原值为 500 000 元，预计净残值为 15 000 元，预计总工作量 160 000 小时，本月工作 200 小时，则：

单位小时折旧额＝（500 000－15 000）÷160 000 ＝3.03（元/小时）

月折旧额＝200×3.03 ＝606（元）

（三）双倍余额递减法

双倍余额递减法是指在不考虑固定资产残值的情况下，根据每期期初固定资产账面净值（固定资产账面余额减累计折旧）和双倍的直线法折旧率计算固定资产折旧的一种方法。计算公式为：

$$年折旧率＝2÷预计折旧年限×100\%$$

$$月折旧率＝年折旧率÷12$$

$$月折旧额＝固定资产账面净值×月折旧率$$

实行双倍余额递减法计提折旧的固定资产，一般应在固定资产折旧年限到期前两年内，将固定资产账面净值扣除预计净残值后的净值平均摊销。

【例 4-9】　某企业一项固定资产的原价为 1 000 000 元，预计使用年限为5 年，预计净残值为 4 000 元。按双倍余额递减法计提折旧，每年折旧额计算如下：

年折旧率＝2/5×100%＝40%

第 1 年应提的折旧额＝1 000 000×40%＝400 000（元）

第 2 年应提的折旧额＝（1 000 000－400 000）×40%＝240 000（元）

第 3 年应提的折旧额＝（1 000 000－400 000－240 000）×40%＝144 000（元）

第 4.5 年应提的折旧额＝（1 000 000－400 000－240 000－144 000－4 000)÷2＝10 600（元）

（四）年数总和法

年数总和法又称年限合计法，是指将固定资产的原值减去预计净残值后的净额乘以一个逐年递减的分数计算每年的折旧额，这个分数的分子代表固定资产尚可使用的年数，分母代表使用年数的逐年数字总和。计算公式如下：

$$年折旧率＝\frac{预计使用年限－已使用年限}{预计使用年限×（预计使用年限＋1）÷2}$$

或者：$年折旧率＝\dfrac{尚可使用年限}{预计使用年限×（预计使用年限＋1）÷2}$

$$年折旧额＝（固定资产原值－预计净残值）×年折旧率$$

【例 4-10】　接例 4-9，如果该设备按年数总和法计提折旧，每年折旧额计算如下：

$$第 1 年折旧额 = （1\,000\,000 - 4\,000）\times \frac{5}{15} = 332\,000（元）$$

$$第 2 年折旧额 = （1\,000\,000 - 4\,000）\times \frac{4}{15} = 265\,600（元）$$

$$第 3 年折旧额 = （1\,000\,000 - 4\,000）\times \frac{3}{15} = 199\,200（元）$$

$$第 4 年折旧额 = （1\,000\,000 - 4\,000）\times \frac{2}{15} = 132\,800（元）$$

$$第 5 年折旧额 = （1\,000\,000 - 4\,000）\times \frac{1}{15} = 66\,400（元）$$

（五）固定资产折旧的会计处理

核算固定资产折旧的计提情况应设置"累计折旧"账户。本账户核算企业固定资产的累计折旧。贷方登记按期（月）计提固定资产的折旧，借方登记处置固定资产的折旧结转数，期末贷方余额，反映企业固定资产的累计折旧额。

（1）性质：资产类，是"固定资产"账户的备抵账户。

（2）内容：核算企业固定资产累计计提的折旧。

（3）结构：

累计折旧

因减少固定资产而转销其所提的折旧	计提的固定资产折旧
反映企业现有固定资产已提折旧累计数	

（4）明细：只进行总分类核算，不进行明细核算。

"固定资产"账户借方余额减去"累计折旧"账户贷方余额，反映固定资产的净值。

企业一般应按月计提折旧。并根据用途分别计入相关资产的成本或当期费用。企业基本车间所使用的固定资产，其计提的折旧应计入制造费用；管理部门所使用的固定资产，其计提的折旧应计入管理费用；销售部门所使用的固定资产，其计提的折旧应计入销售费用；

企业计提固定资产折旧时，分别计入"制造费用""销售费用""管理费用""其他业务成本""在建工程"等科目。

【例 4-11】 华安公司采用直线法提取固定资产折旧。2013 年 9 月的固

定资产折旧计算表列明：一车间 4 000 元，二车间 6 000 元，经营租出部门
1 000 元，厂部管理部门 3 000 元。

借：制造费用——一车间　　　　　　4 000

　　　　　　——二车间　　　　　　6 000

　　其他业务成本　　　　　　　　　1 000

　　管理费用　　　　　　　　　　　3 000

　　贷：累计折旧　　　　　　　　　　　　14 000

任务四　固定资产清理损益的计算

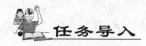任务导入

前面我们已经学习了固定资产的取得和折旧的计算方法，当固定资产不需
用了进行出售、转让，或者固定资产使用寿命终结要报废清理，或者对外投
资，或者发生毁损等非常损失时我们就要对固定资产进行清理。

一、固定资产终止确认的条件

固定资产满足下列条件之一的，应当予以终止确认：

（1）固定资产处于处置状态：固定资产处置包括固定资产的出售、转让、
报废或毁损、对外投资、非货币性资产交换、债务重组等。

（2）固定资产预期通过使用或处置不能产生经济利益。

二、固定资产的清理

（一）固定资产清理的核算程序

企业在生产经营过程中，可能将不适用或不需用的固定资产对外出售、转
让，或因磨损、技术进步等原因造成固定资产报废，或因遭受自然灾害而对毁
损的固定资产进行处置。对于上述事项在进行会计核算时，应按规定程序办理
有关手续，结转固定资产的账面价值，计算有关的清理收入、清理费用及残料

价值等。

企业因出售、报废、毁损、对外投资、非货币性资产交换、债务重组等减少的固定资产，应通过"固定资产清理"账户核算。

"固定资产清理"账户为资产类账户：

（1）本科目核算企业因出售、报废和毁损、对外投资、非货币性资产交换、债务重组等原因转入清理的固定资产价值以及在清理过程中所发生的清理费用和清理收入等。

（2）本科目应当按照被清理的固定资产项目进行明细核算。

固定资产清理的主要核算程序具体包括以下几个环节：

1. 固定资产转入清理

企业因出售、报废、毁损、对外投资、非货币性资产交换、债务重组等转出的固定资产，按该项固定资产的账面价值，借记"固定资产清理"科目，按已计提的累计折旧，借记"累计折旧"科目，按已计提的减值准备，借记"固定资产减值准备"科目，按其账面原价，贷记"固定资产"科目。

出售、报废和毁损及对外投资的固定资产转入清理时：

借：固定资产清理　　（转入清理的固定资产账面价值）

　　累计折旧　　（已计提的折旧）

　　固定资产减值准备　　（已计提的减值准备）

　　贷：固定资产　　（固定资产的账面原价）

2. 发生的清理费用

固定资产清理过程中应支付的相关费用。

借：固定资产清理

　　贷：银行存款

3. 计算应缴纳的税金

企业出售不动产，需要缴纳营业税，企业销售房屋、建筑物等不动产，按照税法的有关规定，应按其销售额计算缴纳营业税，出售不动产应按 5％ 缴纳营业税，计算营业税时也应计入"固定资产清理"账户。

借：固定资产清理

　　贷：应交税费——应交营业税　　（售价×5％）

4. 出售收入和残料等

收回出售固定资产的价款、残料价值和变价收入等。

借：银行存款（原材料等）

　　贷：固定资产清理

5. 应收保险公司或过失人的赔偿

企业计算或收到应由保险公司或过失人赔偿的损失。

借：其他应收款（银行存款等）

　　贷：固定资产清理

6. 结转清理净损益

（1）固定资产清理后的净收益，应区别不同的情况进行处理：属于筹建期间的，冲减长期待摊费用，借记"固定资产清理"账户，贷记"长期待摊费用"账户；属于生产经营期间的，计入损益，借记"固定资产清理"账户，贷记"营业外收入——处置固定资产净收益"账户。

借：固定资产清理

　　贷：长期待摊费用　（属于筹建期间）

　　　　营业外收入——处置固定资产净收益　（属于生产经营期间）

（2）固定资产清理后的净损失，应区分不同情况处理：属于筹建期间的，借记"长期待摊费用"账户，贷记"固定资产清理"账户；属于生产经营期间由于自然灾害等正非常原因造成的损失，计入营业外支出，借记"营业外支出——非常损失"等账户，贷记"固定资产清理"账户；属于生产经营期间正常处理的损失，借记"营业外支出——处置固定资产净损失"账户，贷记"固定资产清理"账户。

借：长期待摊费用（属于筹建期间）

　　营业外支出——非常损失（属于生产经营期间由于自然灾害等非正常

　　　　　　　　　　　原因造成的损失）

　　营业外支出——处置固定资产净损失（属于生产经营期间正常的处理

　　　　　　　　　　　损失）

　　贷：固定资产清理

（二）出售的固定资产

企业因调整经营方向或考虑技术进步等因素，可以将闲置或不需用的固定资产对外出售。

【例4-12】　某公司将富余的建筑物出售，原值300 000元，已提折旧100 000元，实际出售价格为260 000元，价款已收存银行。

（1）固定资产转入清理时：

借：固定资产清理　　　　　　　　　　　　200 000

　　累计折旧　　　　　　　　　　　　　　100 000

　　　贷：固定资产——××建筑物　　　　300 000

　　（2）出售固定资产的价款存入银行时：

　　借：银行存款　　　　　　　　　　260 000

　　　贷：固定资产清理　　　　　　　　260 000

　　（3）计算出售固定资产应缴纳的营业税（出售不动产固定资产缴纳营业税使用的营业税率为 5%）：

　　借：固定资产清理　　　　　　　　13 000

　　　贷：应交税费—应交营业税　　　　13 000

　　（4）结转出售固定资产实现的净收益时：

　　固定资产清理净收益＝260 000－20 0000－13 000＝47 000（元）

　　借：固定资产清理　　　　　　　　47 000

　　　贷：营业外收入——处置固定资产净收益 47 000

（三）报废或毁损的固定资产

　　企业固定资产报废分为正常报废和非正常报废（即毁损）两种。

　　【例 4 - 13】　　中日公司为一般纳税人，现将一台被新技术淘汰的 A 设备提前报废，该设备的账面原值 40 000 元，已提折旧 30 000 元。报废时残料变价收入 1 500 元收存银行，另以银行存款支付报废清理费用 600 元。

　　（1）将报废设备转入清理时：

　　借：固定资产清理　　　　　　　　10 000

　　　累计折旧　　　　　　　　　　30 000

　　　贷：固定资产——××设备　　　　40 000

　　（2）收回残料变价收入款时：

　　借：银行存款　　　　　　　　　　1 500

　　　贷：固定资产清理　　　　　　　　1 500

　　（3）支付清理费用时：

　　借：固定资产清理　　　　　　　　600

　　　贷：银行存款　　　　　　　　　　600

　　（4）结转报废固定资产发生的净损失时：

　　固定资产清理净损失＝1 500－10 000－600＝－9 100（元）

　　借：营业外支出——处置固定资产净损失　9 100

　　　贷：固定资产清理　　　　　　　　9 100

【例4-14】　夏海公司现有一仓库因遭洪水而毁损，原值为150 000元，已提折旧60 000元，已入库的残料变价收入估计为11 000元，由银行支付清理费用3 000元，经保险公司核定应赔偿的损失额为58 000元，赔偿款尚未收到。

（1）将毁损的仓库转入清理时：

借：固定资产清理　　　　　　　　　　90 000

　　累计折旧　　　　　　　　　　　　60 000

　　贷：固定资产——仓库　　　　　　　　　　150 000

（2）残料估价入库时：

借：原材料　　　　　　　　　　　　　11 000

　　贷：固定资产清理　　　　　　　　　　　　11 000

（3）支付清理费用时：

借：固定资产清理　　　　　　　　　　　3 000

　　贷：银行存款　　　　　　　　　　　　　　3 000

（4）应收保险公司的赔款时：

借：其他应收款——××保险公司　　　58 000

　　贷：固定资产清理　　　　　　　　　　　　58 000

（5）结转毁损仓库的净损失时：

固定资产清理净损失＝11 000＋58 000－90 000－3 000＝－24 000（元）

借：营业外支出——非常损失　　　　　24 000

　　贷：固定资产清理　　　　　　　　　　　　24 000

三、盘亏的固定资产

企业盘亏减少的固定资产与出售、报废、毁损等情况减少的固定资产账务处理不同，在这种情况下，企业应按盘亏固定资产的账面价值，借记"待处理财产损益——待处理固定资产损益"账户；按已提折旧，借记"累计折旧"账户；按固定资产原值，贷记"固定资产"账户；盘亏固定资产的账面价值经批准转作企业损失时，借记"营业外支出——固定资产盘亏"账户，贷记"待处理财产损益——待处理固定资产损益"账户。

【例4-15】　合安公司在固定资产清查中，发现长期未用的录像机缺少一台。该录放机的账面原值4 000元，已提折旧2 000元，原已抵扣的税额为680元。盘亏录放机后经批准转作企业损失。

（1）盘亏固定资产时：

借：待处理财产损益——待处理固定资产损益　2 000

　　累计折旧　　　　　　　　　　　　　　2 000

　　贷：固定资产——录像机　　　　　　　　　　4 000

（2）盘亏固定资产经批准转作企业损失时：

借：营业外支出——固定资产盘亏损失　　　2 000

　　贷：待处理财产损益—待处理固定资产损益　　2 000

任务五　固定资产业务制单实训

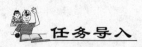任务导入

　　我们已经将固定资产增加、折旧、减少的账务处理方法学习完毕，但是理论能否联系实际，就要通过模拟实训来检验一下同学们的学习情况。

一、企业概况

单位名称：保定华泰工厂

性质：工业企业

开户银行：中国工商银行七一路支行

税务登记：一般纳税人，增值税率17%

法人代表：李国良

单位地址：保定长城北大街243号

账号：503320181

纳税人登记号：120118304569363

二、实训业务资料

　　"固定资产"所属明细账户2014年1月1日的期初余额如表4-6所示。

表4-6 "固定资产"所属明细账户

固定资产类别	使用部门	固定资产名称	单位（元）	数量	单价（元）	原始价值（元）	月折旧率（%）	累计已提折旧（元）	净残值率（%）
生产设备	生产车间	机床	台	6	98 000	588 000	1.67	352 800	4
		钻床	台	2	180 000	360 000	1.04	135 000	4
房屋	生产车间	1号厂房	栋	1	860 000	860 000	0.42	240 000	3
	厂部	办公楼	栋	1	3 000 000	3 000 000	0.42	450 000	3
		其他房屋	栋	1	280 000	280 000	0.42	190 000	3
合计						5 088 000		1 297 800	

2013年有关业务如下：

(1) 2014年1月3日从奔腾汽车公司购入金龙XMQ6702B汽车一辆，单价285 855元，增值税17%，对方开来增值税专用发票一张（请代对方开具发票）。款项开出转账支票支付。（奔腾汽车公司地址：保定市长江路42号，电话：5883366，开户银行：市农行长江路支行，账号：33444555668，纳税人登记号：23557785633）。5日开出转账支票支付车辆购置税28 585.50元（不含增值税买价10%）（代税务部门开出收据，市税务局开户行：工行西大街支行，账号：233668899）。6日从奔腾汽车公司提回汽车交付厂办使用。填制"固定资产交接（验收）单"，该汽车固定资产编号：0116，制造单位：沈阳第一汽车厂，出厂日期：2012年12月，预计使用年限10年，预计残余价值1 000元，预计大修理次数3次，费用10 000元。

(2) 2014年1月8日从济南机械制造厂购入TG2012钻床一台，单价300 000元，增值税率17%，请代对方开具增值税专用发票。（济南机械制造厂地址：济南市红旗大街162号，电话：67885668，开户银行：工商行红旗支行，账号：55663201789，纳税人登记号：23557889922）。对方代垫运杂费2300元，（其中运费1 800元，装卸费500元，设备重量2吨，里程400公里），请代运输部门开出发票。10日以托收承付结算方式支付款项（代对方填制托收承付结算凭证，本单位为承付款项）。12日钻床运回不需要安装直接交付生产车间使用。填制"固定资产交接（验收）单"，该设备固定资产编号0215，出厂日期：2013年1月，预计使用年限8年，预计净残值率3%，预计大修理次数3次，费用6 000元。

（3）2014 年 1 月 13 日，从石家庄机械设备厂购入 CYM－6 机床（需安装）一台，单价 150 000 元，增值税率 17％，请代对方开具增值税专用发票。（石家庄机械设备厂地址：石家庄市友谊大街 23 号，电话：83990625，开户银行：建行友谊办，账号：8855662578，纳税人登记号：26336655782）。并开出信汇凭证（一式四联）支付货款。15 日开出转账支票支付天都运输公司（开户银行：工行南大街支行，账号：258876988）运杂费 1 200 元（其中：运费 1 000，装车费 200 元，设备重量 1.8 吨，里程 150 公里），请代天都公司开出发票。设备委托美林安装公司安装，16 日安装时从本厂 1 号仓库领用 500 号水泥 10 袋，单价 20 元；18×5 钢筋 0.2 吨，单价 4 000 元；两种材料购进时的增值税率均为 17％。20 日安装完毕，以转账支票支付安装费 2 000 元。（美林公司开户行：工商行和东支行，账号：20058836698）。21 日设备交付生产车间使用，填制"固定资产交接（验收）单"，该设备固定资产编号 0226，出厂日期：2013 年 1 月，预计使用年限 10 年，预计净残值率 4％，预计大修理次数 3 次，费用 8 000 元。

（4）1 月末计提 1 月份固定资产折旧：填制"固定资产折旧计算表"，编制记账凭证。

（5）2 月末计提 2 月份固定资产折旧：填制"固定资产折旧计算表"，编制记账凭证。

（6）2013 年 11 月 10 日，将厂部长期闲置不用的其他房屋一栋出售给大华实业公司，售价 120 000 元，填制"固定资产调拨单"（应由调出单位填制一式三联，经调出，调入双方签章后，一份交管理部门留档保管，一份交调入方，另一份交财会部门记账）；收到大华实业公司（开户行：农行长远路支行，账号：35645512388）转账支票一张，填制进账单一式两份将支票存入银行；由凯拉建筑工程公司进行房屋清理，发生清理费用 2 000 元，以转账支票支付（请代对方开出发票，并开出本单位支付款项的转账支票）；出售不动产应按出售价的 5％计算缴纳营业税（缴纳增值税、营业税、消费税的企业应按三项税额的 7％、3％缴纳城建税和教育费附加）。清理完毕后结转清理损益。

（7）2013 年 11 月 12 日，车间使用的机床因工人马华操作不当报废一台，填制固定资产报废单。以转账支票支付清源工程队清理费用 1 500 元（请代对方开出发票，并开出本单位支付款项的转账支票）；机床上拆下的废铜 500 千克，单价 3.00 元，经验收入 2 号原材料库（填入库单），拆下的二级废钢 4 000 千克。一级废铝 500 千克及杂料 1 000 千克由宝洁物资回收公司（开户行：工行明星路支行，账号：1236633118）收购，收购价：废刚 1.00 元/千克，废铝 2.00 元/千克，杂料 0.50 元/千克；对方开出废品收购单及转账支票，请填制进账单将支票送存银行；13 日马华交来罚款现金 500 元，开出收据一张。14 日机床清理完毕。

（8）11 月末计提 11 月份固定资产折旧：填制"固定资产折旧计算表"，编制记账凭证，如表 4-7 至表 4-39 所示。

业务 1

表 4-7

1200063180

河北增值税专用发票

发票联

河北保定市

（略）

No.00541512

开票日期：　年　月　日

购货单位	名　　称：纳税人识别号：地　址　电话：开户行及账号：			密码区	（略）			
货物或应税劳务名称	规格型号	单位	数量	单价	金额	税率	税额
合计							
价税合计	（大写）⊗				（小写）¥		
销货单位	名　　称：纳税人识别号：地　址　电话：开户行及账号：			备注				

收款人：　　　　复核：　　　　开票人：　　　　　　　销货单位(章)：

第二联：发票联　购货方记账凭证

表 4－8 **转账支票**

中国建设银行（冀） 转账支票存根 No.33888992		中国建设银行**转账支票**（冀） No.33888992
附加信息	本支票付款期限十天	出票日期（大写） 年 月 日 付款行名称： 收款人： 出票人账号：
		人民币（大写） | 亿 | 千 | 百 | 十 | 万 | 千 | 百 | 十 | 元 | 角 | 分
出票日期 年 月 日		用途：
收款人：		上列款项请从
金 额：		我账户内支付
用 途：		复核 记账
单位主管 会计		出票人签章

表 4－9 **车辆购置税收据**

年 月 日 No. 2156645368

车 主					
车牌型号			国产/进口		
计税依据		缴税金额		滞纳金	
纳税金额	（大写）⊗			（小写）￥	
备注：					

第二联 缴税人收执

收款单位：（章）（市税务局略） 收款人： 制单人：

表 4-10 转账支票

中国建设银行(冀) 转账支票存根 No.33888992 附加信息 ———————— ———————— 出票日期 年 月 日 收款人： 金 额： 用 途： 单位主管 会计	本支票付款期限十天	中国建设银行**转账支票**(冀) No.33888992 出票日期(大写) 年 月 日 付款行名称： 收款人：..................... 出票人账号： 人民币 (大写) 亿千百十万千百十元角分 用途：———————— 上列款项请从 我账户内支付 出票人签章 复核 记账

表 4-11 固定资产交接(验收)单

移交单位： 交接根据：

接收单位： 编号： 交接时间：

固定资产名称		规格型号		用途		固定资产编号	
建造单位		出厂或建筑日期		图纸号或说明书		附属设备或建筑	
是否与技术条件相符		是否需要安装		运行或实验结果		附件	
是				良好			

简略鉴定说明：合格

验收小组结论：合格

预计使用年限	预计净残值	预计净残值率	预计大修理	
			次数	费用

固定资产原始价值：

总价	土建工程费	设备费	搬运费	包装费	安装费	其他	合计

验收小组全体成员签章

厂长或负责人： 固定资产管理部门： 财会部门：

业务 2

表 4 - 12 　　　　　　　　　　铁路货票

年 月 日　　　　　　　　　　　　　　　　　　　　No：002659

收货人				发货人			
到站		发站		车种车号		运价里程	
货物名称	件数	包装方式	货物重量	计费重量	运价率	费别	金额
						运费	
						装卸费	
						保管费	
合　计							

发站承运日期数　　　　　　　　　　　　　　经办人签章：

表 4 - 13

34000650438

河北增值税专用发票

发　票　联

国家税务局监制

开票日期：　年 月 日　　　　　　　　　　　　　　　　No.00641528

购货单位	名　　　　称：				密码区	（略）		
	纳税人识别号：							
	地　址 电 话：							
	开户行及账号：							
货物或应税劳务名称	规格型号	单位	数量	单价	金额	税率	税额
合　计							
价税合计（大写）							
销货单位	名　　　　称：			备注			
	纳税人识别号：						
	地　址 电 话：						
	开户行及账号：						

收款人：　　　　　复核：　　　　　开票人：　　　　　　　　　销货单位(章)：

第二联：发票联　购货方记账凭证

表 4-14　　　　中国工商银行托收承付结算凭证（付款通知）　　**邮**

第 1 号

委托日期 20　年　月　日　　　　　委收号码：

<table>
<tr><td rowspan="3">付款人</td><td>全　称</td><td colspan="3"></td><td rowspan="3">收款人</td><td>全　称</td><td colspan="3"></td><td rowspan="11">此联是收款人开户行给收款人的回单</td></tr>
<tr><td>账　号</td><td colspan="3"></td><td>账　号</td><td colspan="3"></td></tr>
<tr><td>开户银行</td><td></td><td>行号</td><td></td><td>开户银行</td><td></td><td>行号</td><td></td></tr>
<tr><td rowspan="2">托收金额</td><td>人民币</td><td colspan="3"></td><td colspan="2">千百十万千百十元角分</td><td colspan="2"></td></tr>
<tr><td>（大写）</td><td colspan="3"></td><td colspan="4"></td></tr>
<tr><td colspan="2">附件</td><td colspan="2">商品发运情况</td><td colspan="4">合同名称号码</td></tr>
<tr><td colspan="2">附寄单证张数
或册数</td><td colspan="2"></td><td colspan="4"></td></tr>
<tr><td colspan="2">备注：</td><td colspan="2">款项收妥日期
　年　月　日</td><td colspan="4">（收款人开户行盖章）
　　　　月　日</td></tr>
</table>

单位主管　　　　会计　　　　　复核　　　　　记账

表 4-15　　　　　　　　　固定资产交接（验收）单

移交单位：　　　　　　　　　　　　　　　　　　交接根据：

接收单位：　　　　　　　　　编号：　　　　　　交接时间：

<table>
<tr><td>固定资产名称</td><td></td><td>规格型号</td><td></td><td>用途</td><td></td><td>固定资产编号</td><td></td></tr>
<tr><td>建造单位</td><td></td><td>出厂或建筑日期</td><td></td><td>图纸号或说明书</td><td></td><td>附属设备或建筑</td><td></td></tr>
<tr><td colspan="2">是否与技术条件相符</td><td colspan="2">是否需要安装</td><td colspan="2">运行或实验结果</td><td>附件</td><td></td></tr>
<tr><td colspan="2">是</td><td colspan="2"></td><td colspan="3">良好</td><td></td></tr>
<tr><td colspan="8">简略鉴定说明：合格</td></tr>
<tr><td colspan="8">验收小组结论：合格</td></tr>
<tr><td colspan="2" rowspan="2">预计使用年限</td><td colspan="2" rowspan="2">预计净残值</td><td colspan="2" rowspan="2">预计净残值率</td><td colspan="2">预计大修理</td></tr>
<tr><td>次数</td><td>费用</td></tr>
<tr><td colspan="2"></td><td colspan="2"></td><td colspan="2"></td><td></td><td></td></tr>
<tr><td colspan="8">固定资产原始价值：</td></tr>
<tr><td rowspan="2">总价</td><td>土建工程费</td><td>设备费</td><td>搬运费</td><td>包装费</td><td>安装费</td><td>其他</td><td>合计</td></tr>
<tr><td></td><td></td><td></td><td></td><td></td><td></td><td></td></tr>
<tr><td colspan="8">验收小组全体成员签章</td></tr>
</table>

厂长或负责人：　　　　　　固定资产管理部门：　　　　　　财会部门：

业务3

表4-16

1300063140

河北增值税专用发票

发　票　联

开票日期：　年　月　日　　　　　　　　　　　　　　　　　　No.00581153

购货单位	名　　　称： 纳税人识别号： 地址电话： 开户行及账号：				密码区	（略）		
货物或应税劳务名称	规格型号	单位	数量	单价	金额	税率	税额
合计							
价税合计	（大写）⊗				（小写）￥		
销货单位	名　　　称： 纳税人识别号： 地址电话： 开户行及账号：				备注			

收款人：　　　　复核：　　　　开票人：　　　　　　　销货单位(章)：

第二联：发票联　购货方记账凭证

表4-17　　　　　　　**中国工商银行信汇单（回单）**

委托日期　年　月　日　　　　　　　　　　　　第　号

收款人	全　称		汇款人	全　称										
	账　号			账　号										
	汇入地点	市县 汇入行名		汇出地点	市县	汇出行名								
金额	人民币（大写）				百	十	万	千	百	十	元	角	分	
汇款用途：														
上列款项已根据委托办理，如需查询，请持此回单来行面洽						汇出行盖章　年　月　日								
单位主管　会计　　复核　　记账														

表 4 - 18　　　　　　　　　　　　　公路运输业统一发票

托运单位：　　　　　开票日期　　年　月　日　　　　　　　　　No. 4020301

货物名称	作业项目	搬运距离			计费数量			计费等级	单价	金额
		起点	讫点	公里	件数	实际重量	计费重量			
合计金额	（大写）⊗						（小写）¥			

代征税金	税种	税率	税额	代征费用	费别	费率	金额	运输单位及账号

第二联　发票联　购货方记账

收款单位（盖章）　　　　　　收款人：　　　　　　开票人：

表 4 - 19　　　　　　　　　　　　　　转账支票

中国建设银行(冀)
转账支票存根

No.33888992

附加信息
_____

_____

出票日期　年　月　日

收款人：

金　额：

用　途：

单位主管　　会计

中国建设银行**转账支票**(冀)　　　　No.33888992

出票日期（大写）　　　年　月　日　　付款行名称：

收款人：..........................　　　　出票人账号：

人民币
（大写）

亿	千	百	十	万	千	百	十	元	角	分

本支票付款期限十天

用途：_____

上列款项请从

我账户内支付

出票人签章　　　　　　复核　　　记账

表 4‑20 　　　　　　　　　　　　　　领料单

　　　　　　　　　　　　　　　年　月　日　　编号：

领料单位：　　　　　　　　　　　　　　　　　　　　　　　　　　　　发料仓库：

用途		材料类别及编号				
材料名称	规格	计量单位	请领数	实发数	单价	金额
合　　计						

领料单位负责人：　　　　　　记账：　　　　　　发料：　　　　　　领料：

表 4‑21 　　　　　　　　　　　　固定资产交接（验收）单

移交单位：　　　　　　　　　　　　　　　　　　　　　　　　　　交接根据：

接收单位：　　　　　　　　　　　　　编号：　　　　　　　　　　交接时间：

固定资产名称		规格型号		用途		固定资产编号	
建造单位		出厂或建筑日期		图纸号或说明书		附属设备或建筑	
是否与技术条件相符		是否需要安装		运行或实验结果		附件	
是				良好			
简略鉴定说明：合格							
验收小组结论：合格							
预计使用年限		预计净残值		预计净残值率		预计大修理	
						次数	费用
固定资产原始价值：							
总价	土建工程费	设备费	搬运费	包装费	安装费	其他	合计
验收小组全体成员签章							

厂长或负责人：　　　　　　固定资产管理部门：　　　　　　财会部门：

表 4－22 建筑安装业统一发票

开票日期： 年 月 日 地税 No.11005543

委托单位				建筑面积		竣工日期	
工程项目	计量单位	数量	单价	金额		备注	
管理费							
合计金额	（大写）⊗				（小写）¥		
承建单位					结算		
承建单位开户行及账号					方式		

开票单位（盖章） 收款人： 开票人：

第二联 发票联

表 4－23 转账支票

中国建设银行(冀) 转账支票存根	中国建设银行**转账支票**(冀) No.33888992
No.33888992	出票日期（大写） 年 月 日 付款行名称：
附加信息	收款人：.................... 出票人账号：
	人 民 币 ▓▓▓▓▓▓▓▓ 亿千百十万千百十元角分
	（大写）
出票日期 年 月 日	用途：_____
收款人：	上列款项请从
金 额：	我账户内支付 复核 记账
用 途：	出票人签章
单位主管 会计	

本支票付款期限十天

91

业务 4

表 4 – 24　　　　　　　　　　　固定资产折旧计算表
年　月　日

使用部门	固定资产项目	上月折旧额	上月增加固定资产		上月减少固定资产		本月折旧额	应借科目
			原价	月折旧额	原价	月折旧额		
车间								
	小计							
厂部								
合计								

复核：　　　　　　　　　　　　　　　　　　　　　制表人：

业务 5

表 4 – 25　　　　　　　　　　　固定资产折旧计算表
年　月　日

使用部门	固定资产项目	上月折旧额	上月增加固定资产		上月减少固定资产		本月折旧额	应借科目
			原价	月折旧额	原价	月折旧额		
车间								
	小计							
厂部								
合计								

复核：　　　　　　　　　　　　　　　　　　　　　制表人：

业务 6

表 4 - 26　　　　　　　　　　固定资产调拨单

调入单位：

调出单位：　　　　　　　调拨日期：　年　月　日　　　　　　No. 5623823

名称	规格型号	单位	数量	原值	已提折旧额	净值	预计使用年限	调拨价格	
								单价	总额

第二联　调出方记账

原安装成本			附属设备	
调拨方式			调拨原因	
交接人签字	调入方		调出方	

调入单位（盖章）　　　　　　　　　　　调出单位（盖章）

表 4 - 27　　　　　中国工商银行进账单（回单或收账通知）

交款日期　年　月　日　　　　　　第 71 号

付款人	全　称		收款人	全　称										
	账　号			账　号										
	开户银行			开户银行										
人民币（大写）					千	百	十	万	千	百	十	元	角	分
票据种类														
票据张数														
单位主管　会计　复核　记账					收款人开户行盖章									

此联款是收款人的回单或开户行交给收账通知

表 4 - 28　　　　　　　　　　社会服务业统一发票
(发票联)

客户名称：　　　　　　　　　年　月　日　　　　　　　No. 08976023

服务项目	单位	数量	单价	金额								备注
				十	万	千	百	十	元	角	分	
合计金额	(大写)⊗											

第二联　发票联

单位名称(盖章)　　　　　　收款人：　　　　　　开票人：

表 4 - 29　　　　　　　　出售固定资产应交营业税计算表
年　月　日

项目	计税金额	适用税率	税额	备注
营业税				
				转让不动产
合计				

会计主管：　　　　　　　　　　　　制表：

表 4 - 30　　　　　　　应交城建税、教育费附加计算表
年　月　日

项目	计税金额	应交税额	备注
应交城市维护建设税(7%)			
应交教育费附加(3%)			转让不动产
合计			

复核：　　　　　　　　　　　　　制表：

表 4 - 31 固定资产清理报废（减少）计算表

年 月 日

固定资产名称	原值	累计折旧	清理费用	变价收入	应交税费	净损失（收益）

主管： 审核： 制单：

业务 7

表 4 - 32 固定资产报废单

固定资产编号： 填报日期： 年 月 日

固定资产名称	规格型号	单位	数量	预计使用年限	已使用年限	原值	已提折旧	备注

固定资产状况及报废原因					
处理意见	使用部门	技术鉴定小组	固定资产管理部门	财会部门	主管部门审批
	已不能使用	已鉴定可以报废	建议报废	同意报废	同意报废
	签名：＊＊	签名：＊＊	签名：＊＊	签名：＊＊	签名：＊＊

表 4 - 33 社会服务业统一发票

（发票联）

客户名称： 年 月 日 No.08886026

服务项目	单位	数量	单价	金额								备注
				十	万	千	百	十	元	角	分	
合计金额	（大写）⊗											

第二联 发票联

单位名称（盖章） 收款人： 开票人：

表 4－34

收料单

年 月 日

编号：1246

发票号码：

收料仓库：

供应单位				材料类别及编号			
材料名称及规格	单位	数量		实际成本			
		发票	实收	发票价格	运杂费	合计	单位成本
合计							

主管　　　　　　记账　　　　　　保管　　　　　　检验　　　　　　交库

表 4－35

物资回收业统一收购单

客户名称：　　　　　　收购日期：　　年　月　日　　　　　　No. 6626169

收购单位名称：

回收物品名称	规格等级	单位	数量	单价	金额
金额合计	（大写）⊗			（小写）￥	

收购单位（盖章）：　　　　　　付款人：　　　　　　开票人：

第二联　交售方记账

表 4－36

中国工商银行进账单（回单或收账通知）

交款日期　年　月　日　　　　　　第 71 号

付款人	全　称		收款人	全　称										
	账　号			账　号										
	开户银行			开户银行										
人民币（大写）					千	百	十	万	千	百	十	元	角	分
票据种类														
票据张数														
单位主管　会计　复核　记账					收款人开户行盖章									

此联是收款人开户行交给收款人的回单或收账通知

表 4 - 37

收据

年　月　日

No. 02134568

第三联　收款方记账

今收到
交来
人民币（大写）⊗　　　　　　　　　　　　　（小写）¥

| 收款单位
公章 | 收款人 | | 付款人 | |

表 4 - 38

固定资产清理报废（减少）计算表

年　月　日

固定资产名称	原值	累计折旧	清理费用	变价收入	应交税费	净损失（收益）

主管：　　　　　　　　　　　审核：　　　　　　　　　　　制单：

业务 8

表 4 - 39

固定资产折旧计算表

年　月　日

使用部门	固定资产项目	上月折旧额	上月增加固定资产		上月减少固定资产		本月折旧额	应借科目
			原价	月折旧额	原价	月折旧额		
车间								
	小计							
厂部								
合计								

复核：　　　　　　　　　　　　　　　　　制表人：

项目五　成本费用核算岗位

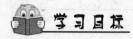 学习目标

【知识目标】

1. 了解成本费用岗位会计核算有哪些主要内容。
2. 明确成本费用岗位会计核算的岗位职责。
3. 熟悉生产费用归集与分配的方法。
4. 掌握生产费用在完工产品和在产品之间分配的方法。

【能力目标】

1. 能够认知成本费用相关原始凭证。
2. 能够正确进行各种费用分配。
3. 能够编制简单的成本计算表。

【情感目标】

培养学生自主学习能力和解决实际问题的能力。

任务一　认知成本结算单

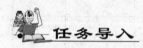 任务导入

2014 年 1 月份，会计部门成本费用核算员李丽为两种产品分别编制了本月份的产品成本计算表（如表 5 - 1 和表 5 - 2 所示），下面我们一起来阅读一下吧！

表 5-1　　　　　　　　　　　产品成本计算表 1

产品：001　　　　　　　　时间：2014 年 1 月　　　　　　　　单位：元

成本项目		直接材料	直接工资	制造费用	合计
①	生产费用合计	430 000	142 500	172 720	745 220
②	完工产品产量（件）	800	800	800	800
③	月末在产品数量	400	400	400	400
④＝400×50％	月末在产品约当产量（件）	200	200	200	200
⑤＝②＋④	约当产量合计	1 000	1 000	1 000	1 000
⑥＝①÷⑤	单位成本	430	142.50	172.72	745.22
⑦＝②×⑥	完工产品成本	344 000	114 000	138 176	596 176
⑧＝④×⑥	月末在产品成本	86 000	28 500	34 544	149 044

表 5-2　　　　　　　　　　　产品成本计算表 2

产品：002　　　　　　　　时间：2014 年 1 月　　　　　　　　单位：元

成本项目		直接材料	直接工资	制造费用	合计
①	生产费用合计	430 000	142 500	172 720	745 220
②	完工产品产量（件）	800	800	800	800
③	月末在产品数量	400	400	400	400
④＝400×50％	月末在产品约当产量（件）	200	200	200	200
⑤＝②＋④	约当产量合计	1 000	1 000	1 000	1 000
⑥＝①÷⑤	单位成本	430	142.50	172.72	745.22
⑦＝②×⑥	完工产品成本	344 000	114 000	138 176	596 176
⑧＝④×⑥	月末在产品成本	86 000	28 500	34 544	149 044

任务二　成本费用相关知识

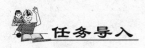任务导入

　　通过认知任务一的产品成本计算表，我们发现产品成本计算表中包括直接材料、直接人工、制造费用等成本项目，下面我们共同来学习一下。

一、费用

费用是指企业在日常活动中发生的，会导致所有者权益减少的，与向所有者分配利润无关的经济利益的总流出。

费用有两个特征：

（1）费用是企业日常活动形成的，如采购材料的支出、工资支出；不包括非日常活动形成的经济利益的流出，如出售固定资产的净损失。

（2）费用会减少企业的所有者权益。但是某些支出虽然减少了所有者权益，但与利润分配有关，也不属于费用，如企业向投资者分配利润。

工业企业的费用按经济用途不同分为计入生产成本的费用（生产费用）和期间费用。生产费用按经济用途又可以分为直接材料、直接人工和制造费用，这三项又可以成为成本项目。期间费用直接计入当期损益，不计入产品成本。

二、主要账户结构

为了反映和监督生产过程发生的各项成本费用，满足产品成本核算的需要，企业应设置以下账户：

1. 生产成本——基本生产成本

该账户用来归集基本生产车间为生产产品而发生的各项费用，属于成本类账户，借方登记基本生产车间为生产产品而发生的各项料工费；贷方登记结转入库完工产品成本，期末余额反映月末在产品成本。该账户按成本计算对象开设明细账，并按成本项目设置专栏进行明细核算。

2. 生产成本——辅助生产成本

该账户用来归集辅助生产车间为各部门提供产品、劳务而发生的各项费用，属于成本类账户，借方登记辅助生产车间在生产过程中发生的料工费；贷方登记结转入库完工产品成本或分配给收益部门的劳务成本，期末余额反映月末在产品成本。该账户按生产车间开设明细账，并按费用项目设置专栏进行明细核算。

3. 制造费用

该账户用来核算基本生产车间为组织、管理产品生产而发生的一切费用，属于成本类账户。借方登记基本生产车间发生的间接费用，贷方登记月末分配给受益产品的制造费用；该账户月末余额为零。该账户按生产车间名称开设明细账，并按费用项目设置专栏进行明细核算。

三、直接材料的归集与分配

1. 生产产品耗用的材料费用

（1）外购材料：企业耗用的一切从外部购进的原料及主要材料、半成品、辅助材料、包装物、修理用备件和低值易耗品等；

（2）外购燃料：企业耗用的一切从外部购进的各种燃料，包括固体、液体、气体燃料；

（3）外购动力：企业耗用的从外部购进的各种动力。

为生产产品领用的直接材料费用直接计入"基本生产成本"，生产几种产品共同发生的直接材料费用采用适当的方法在几种产品之间进行分配。基本生产车间一般耗用计入"制造费用"；辅助生产车间领用材料计入"辅助生产成本"；管理部门领用材料计入"管理费用"；销售部门领用材料计入"销售费用"。

2. 材料费用的分配

对于能够分清是哪种产品直接耗用的材料费用直接计入该种产品成本。对于几种产品共同耗用的材料，要采取一定的分配方法分别计入各种产品成本。分配的方法可以是重量、产品数量、定额耗用量、定额成本等。

$$材料费用分配率 = \frac{共耗材料费用总额}{材料分配标准总数}$$

某种产品分配共耗材料金额＝该种产品分配标准×材料费用分配率

账务处理为：

借：生产成本——基本生产成本——某产品

　　　　　　——辅助生产成本——某车间

　　制造费用

　　管理费用

　　销售费用

　　贷：原材料

【例 5-1】　企业当期生产 D01 和 D02 产品共同领用工程塑料 600 千克，每千克 50 元，当期 D01 产品投产 5 000 件，D02 产品 7 000 件，该企业按投产产品数量分配共耗材料。计算共耗材料费用分配率及各产品应分配材料费用。

$$共耗材料费用分配率 = \frac{600 \times 50}{5\,000 + 7\,000} = 2.5$$

D01 产品分配材料费用＝5 000×2.5＝12 500（元）

D02 产品分配材料费用＝7 000×2.5＝17 500（元）

借：生产成本——基本生产成本——D01 产品　　12 500

　　生产成本——基本生产成本——D02 产品　　17 500

　　贷：原材料　　　　　　　　　　　　　　　　30 000

思考：如何填写材料费用分配表（如表 5－3 所示）？

表 5－3　　　　　　　　　　　材料费用分配表

受益产品	分配标准	分配率	分配费用
D01			
D02			
合计			

任务三　直接人工的归集与分配

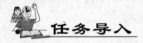 任务导入

直接材料的归集与分配学完了，那直接人工的归集与分配又怎么处理呢，我们来共同完成吧！

一、直接人工

直接人工指企业基本生产车间产品工人的工资等职工薪酬，直接生产工人工资及福利费直接计入生产费用，生产几种产品共同发生的工资及福利费用采用适当的方法在几种产品之间进行分配。分配的标准一般有产品的实际生产工时、产品定额生产工时等。工资费用分配的计算工时为：

工资费用分配率＝某车间工人工资总额/产品生产工时之和

某产品负担的工资费用＝工资费用分配率×该产品生产工时

二、账务处理

借：生产成本——基本生产成本——甲产品
　　生产成本——基本生产成本——乙产品
　　生产成本——辅助生产成本——某车间
　　制造费用
　　管理费用
　　销售费用
贷：应付职工薪酬

练一练：某企业分配本月工资 47 500 元，该厂生产甲乙两种产品，甲产品的单位定额工时为 3 小时，乙产品的单位定额工时为 2.5 小时，甲的产量为 1 000 件，乙为 800 件，生产工人工资为 25 000 元，辅助生产车间工资 10 000 元，管理部门 7 500 元，销售部门是 10 000 元，在表 5‑4 中分配本月工资并作出账务处理。

表 5‑4　　　　　　　　　　　　　工资费用分配表

受益产品	分配标准	分配率	分配费用
甲产品			
乙产品			
合计			

任务四　制造费用归集与分配

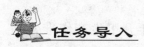

任务导入

直接材料与直接人工的归集与分配学完了，那制造费用的归集与分配又怎么处理呢，我们来共同完成吧！

一、制造费用的内容

制造费用是指企业基本生产车间为组织和管理产品生产而发生的一切费用，主要包括修理费、水电费、机物料消耗、差旅费、办公费等。

二、账务处理

1. 生产车间发生的机物料消耗

借：制造费用

　　贷：原材料

2. 发生的生产车间管理人员的工资等职工薪酬

借：制造费用

　　贷：应付职工薪酬

3. 生产车间计提的固定资产折旧

借：制造费用

　　贷：累计折旧

4. 生产车间支付的办公费、修理费、水电费等

借：制造费用

　　贷：银行存款

5. 发生季节性的停工损失

借：制造费用

　　贷：原材料、应付职工薪酬、银行存款

6. 将制造费用分配计入有关的成本核算对象

借：生产成本（基本生产成本、辅助生产成本）

　　贷：制造费用

7. 季节性生产企业制造费用

全年实际发生数与分配数的差额，除其中属于为下一年开工生产作准备的可留待下一年分配外，其余部分实际发生额大于分配额的差额。

借：生产成本——基本生产成本

　　贷：制造费用

实际发生额小于分配额的差额，做相反的会计分录。

三、制造费用的分配

对企业各个生产单位如生产车间和分厂为组织和管理生产活动而发生的各项费用及其固定资产使用费和维修费等进行的分配。各生产车间和分厂为产品生产而发生的间接计入成本按单位分别归集后，月终就需按照一定的标准在各该生产单位所生产的产品或劳务成本间进行分配。确定制造费用的分配标准。

制造费用分配率＝归集的制造费用之和/各种产品分配标准之和

（一）分配标准

（1）直接人工工时，各受益对象所耗的生产工人工时数，可以是实际工时，也可以是定额工时；

（2）直接人工成本，各受益对象所发生的直接人工成本数；

（3）机器工时，各受益对象所消耗的机器工时数，可以是实际工时，也可以是定额工时。

（二）分配方法

1. 生产工时比例分配法

这种方法是按各种产品所耗生产工人工时的比例分配制造费用的一种方法。对于这种分配方法，查账人员应检查企业是否有真实正确的工时记录。

某产品应负担的制造费用＝该产品的生产工人实际工时数×
制造费用分配率

2. 工资比例分配法

生产工人工资比例分配法是按照计入各种产品成本的生产工人工资比例分配制造费用的一种方法。采用这一方法的前提是各种产品生产机械化的程度应该大致相同，否则机械化程度低的产品所用工资费用多，负担的制造费用也要多，而机械化程度高的产品则负担的制造费用较少，从而影响费用分配的合理性。

某产品应负担的制造费用＝该产品的生产工人实际工资额×
制造费用分配率

3. 机器工时比例分配法

这一方法适用于生产机械化程度较高的产品，因为这类产品的机器设备使用、维修费用大小与机器运转的时间有密切联系。采用这一方法的前提条件是必须具备各种产品所耗机器工时的完整的原始记录。

查账人员审查采用机器工时比例分配法分配制造费用的账务时，应首先对被查企业机械化程度及机器工时记录等情况进行核实，查明该企业是否适用这种分配方法，然后，再复核数字计算的正确性。该方法的计算程序、原理与生产工时比例分配法基本相同。

【例 5 - 2】 某公司三车间生产甲、乙两种产品，本月共发生制造费用 27 600 元，两种产品共计生产工时 6 000 小时，其中甲产品 3 500 小时，乙产品 2 500 时。

要求：

（1）按生产工时比例法计算分配制造费用；

（2）编制分配结转制造费用的会计分录。

制造费用分配率＝27 600/3 500＋2 500＝4.6（元/工时）

甲产品应负担的制造费用＝3500×4.6＝16 100（元）

乙产品应负担的制造费用＝2500×4.6＝11 500（元）

会计分录为：

借：生产成本——甲产品　　　　　　16 100

　　　　　　——乙产品　　　　　　11 500

　　贷：制造费用　　　　　　　　　　　　27 600

任务五　生产费用在完工产品与
在产品之间的分配

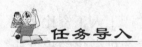

任务导入

所有的生产费用都学习完了，最后我们来看看生产费用在完工与在产品之间的分配吧！

生产费用归集到各个基本生产成本明细账后，月末要将其在完工产品和在产品之间进行分配，计算出完工产品总成本和单位成本及在产品总成本和单位成本。

生产费用在完工产品和在产品之间分配的方法，根据企业生产工艺特点和管理要求不同有所不同，常用的有约当产量法、定额比例法、定额成本法等。

约当产量法是制造业较常用的一种生产费用在完工产品和在产品之间分配

的方法。它是指月末在产品数量按完工程度折算为相当于完工产品的数量，然后按在产品约当产量和完工产品数量分配生产费用，计算出完工产品成本和在产品成本。

约当产量法是按成本项目来分配生产费用的，即分别按直接材料、直接人工、制造费来分配生产费用。直接材料按投料程度计算，直接人工和制造费用按完工程度计算。

$$在产品约当产量＝在产品数量×在产品完工程度（或投料程度）$$

$$分配率＝（期初在产品成本＋本月生产费用）/$$

$$（完工产品数量＋月末在产品约当产量）$$

$$完工产品成本＝分配率×完工产品数量$$

$$月末在产品成本＝分配率×月末在产品约当产量$$

【例 5 - 3】 北京市中环电器公司生产经销"洁静"牌吸尘器和"靓爽"牌电吹风两种产品，本月初"洁静"牌吸尘器在产品成本为：直接材料 5 000 元、直接人工 3 000 元、制造费用 1 000 元；本月发生生产费用：直接材料 95 000 元、直接人工 35 000 元、制造费用 21 000 元。本月完工产品 650 件，在产品 300 件，完工程度 50%，原材料陆续投入，投料程度为 50%。

（1）直接材料的分配

在产品约当产量＝300×50%＝150（件）

$$材料费用分配率＝\frac{5\ 000＋95\ 000}{150＋650}＝125$$

在产品应分配材料费用＝150×125＝18 750（元）

完工产品分配材料费用＝650×125＝81 250（元）

说明：由于原材料陆续投入，所以在产品原材料完工程度按 50% 计算。如果材料是一次性投入，则材料项目完工程度为 100%，材料项目约当产量即为在产品数量。

（2）直接人工费用的分配

在产品约当产量＝300×50%＝150（件）

$$直接人工分配率＝\frac{3\ 000＋35\ 000}{150＋650}＝47.5$$

在产品应分配直接人工费用＝150×47.5＝7 125（元）

完工产品分配直接人工费用＝650×47.5＝30 875（元）

（3）制造费用的分配

在产品约当产量＝300×50%＝150（件）

$$制造费用分配率=\frac{1\ 000+21\ 000}{150+650}=27.5$$

在产品应分配制造费用=150×27.5=4 125（元）

完工产品分配制造费用=650×27.5=17 875（元）

思考： 如果上题中改为一次投料方式，你知道又怎么计算吗？

任务六 成本费用业务制单实训

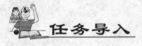

任务导入

把前面学习的知识连贯起来，我们一起看看怎么做吧！

一、产品成本核算的基本方法

产品成本的核算方法主要有品种法、分批法、分步法等，其中品种法是最基本的方法，其主要适用于大量、大批、单步骤生产企业，以及管理上不要求分步计算产品成本的大量、大批、多步骤企业；分批法主要适用于单件小批生产企业；分步法主要适用于大量、大批、多步骤生产企业和管理上要求分步骤计算产品成本的连续式复杂生产企业。

二、品种法的特点

品种法是以产品品种为成本计算对象，归集生产费用计算产品成本的一种方法。品种法的成本计算期与生产周期不一定一致；月末如有完工产品和在产品则需要将生产费用在完工产品和在产品之间进行分配。品种法是产品成本计算的基本方法，其他方法是在品种法的基础上演变而来的。

三、品种法的计算程序

（1）按产品品种设置基本生产成本明细账，按成本项目（直接材料、直接人工、制造费用）设专栏；

（2）编制各种费用分配表，据此登记"基本生产成本明细账""辅助生产

成本明细账""制造费用明细账";

（3）将"辅助生产成本明细账"归集的费用，按各种产品和部门的受益数量，编制"辅助生产费用分配表"，分配辅助生产费用，登记"基本生产成本明细账""制造费用明细账";

（4）将"制造费用明细账"归集的费用，编制"制造费用分配表"，分配制造费用，登记相关"基本生产成本明细账";

（5）将"基本生产成本明细账"中归集的费用，采用适当的方法在完工产品和在产品之间进行分配，计算出完工产品和在产品成本;

（6）根据各个"基本生产成本明细账"中计算出来的本月完工产品成本，编制"完工产品成本汇总计算表，结转完工入库产品成本。

四、实训任务

（1）要素费用的分配和归集;
（2）辅助生产费用的分配和归集;
（3）制造费用的分配和归集;
（4）生产费用在完工产品和在产品之间的分配，结转完工产品成本。

五、实训资料

江南公司有一个基本生产车间（生产甲、乙两种产品），有供电和锅炉两个辅助生产车间（提供电力、蒸汽服务）。该公司生产工人职工薪酬按生产工时比例分配。产品共同耗用材料按产品直接耗用材料比例分配。辅助生产成本采用交互分配法进行分配。根据产量记录、工序单等相关凭证记录，本月甲产品生产工时为 40 500 小时，乙产品 27 000 小时。（分配率保留小数后四位），2014 年 7 月资料如下。

（一）业务资料

（1）根据本月领料单、退料单汇总，材料发出汇总情况如表 5-5 所示。

表 5 - 5   材料发出汇总

领料用途	直接领用	共同耗用	合计
产品生产	300 000	60 000	360 000
其中：甲	200 000		
乙	100 000		
基本生产车间一般消耗	4 000		4 000
供电车间消耗	12 000		12 000
锅炉车间消耗	5 000		5 000
厂部管理部门消耗	6 000		6 000
合计	327 000	60 000	387 000

（2）根据本月职工工资结算单等凭证，本月职工薪酬汇总情况如表 5 - 6 所示。

表 5 - 6   本月职工薪酬汇总

人员类别	工资费用	其他职工薪酬
产品生产工人	243 000	34 020
供电车间人员	6 000	840
锅炉车间人员	10 000	1 400
基本生产车间管理人员	8 000	1 120
厂部管理人员	20 000	2 800
合计	287 000	40 180

（3）按折旧范围采用直线法计提折旧，本月应提折旧费 43 000 元，其中基本生产车间 30 000 元；供电车间 3 000 元；锅炉车间 2 000 元；厂部管理部门 8 000 元。

（4）本月以现金支付的办公费用为 2 450 元，其中基本生产车间 1 090 元；供电车间 560 元；锅炉车间 200 元；厂部管理部门 600 元。

（5）本月职工出差报销差旅费 2 400 元，以现金支付。

（6）本月以银行存款支付的办公费用 2 800 元，其中基本生产车间 1 000 元；厂部管理部门 1 800 元。

（7）本月以银行存款支付差旅费 2 000 元，业务招待费 200 元。

（8）以银行存款支付本月供电车间外购电力 4 500 元。

（9）以银行存款支付本月水费 4 600 元，根据水表记录基本生产车间用水 200 吨，供电车间用水 200 吨，锅炉车间用水 1 400 吨，厂部管理部门用水 40 吨。

（10）供电车间本月供电 64 000 度，其中锅炉车间用电 4 000 度；基本生产车间产品动力用电 40 000 度（甲 24 000 度，乙 16 000 度），一般用电 8 000 度；厂部管理部门用电 12 000 度。

（11）锅炉车间本月供气 12 000 立方米，其中供电车间用 2 000 立方米；基本生产车间用 9 000 立方米；厂部管理部门用 1 000 立方米。

（12）制造费用按产品生产工时比例分配。

（二）本月产量资料

（1）甲产品月初在产品 400 件，本月投产 1 500 件，本月完工 1 600 件，月末在产品 300 件（完工率 50％）。

（2）乙产品本月投产 1 000 件，本月完工 1 000 件。

甲、乙两种产品原材料均于生产开始时一次投入。

六、要素费用的分配和归集

编制相关费用分配表（如表 5 - 7、表 5 - 8 和表 5 - 9 所示），并编制记账凭证。

表 5 - 7　　　　　　　　　　材料费用分配表

应借科目		直接计入	分配共同用料		合计
			分配率	分配金额	
基本生产成本	甲				
	乙				
	小计				
制造费用——基本生产车间					
辅助生产成本——供电					
辅助生产成本——锅炉					
管理费用					
合计					

表5-8 职工薪酬分配表

应借科目		生产工时	工资费用		其他职工薪酬		合计
			分配率	金额	分配率	金额	
基本生产成本	甲产品						
	乙产品						
	小计						
制造费用——基本生产车间							
辅助生产成本——锅炉							
辅助生产成本——供电							
管理费用							
合计							

表5-9 水费分配表

应借科目	用水数量（吨）	分配率	分配金额
制造费用——基本生产车间			
辅助生产成本——供电车间			
辅助生产成本——锅炉车间			
管理费用			
合计			

七、辅助生产费用的分配和归集

编制辅助生产费用分配表（如表5-10所示），并编制记账凭证。

表5-10 辅助生产费用分配表

项目	交互分配			对外分配		
辅助车间名称	供电	锅炉	合计	供电	锅炉	合计
待分配辅助生产费用						
劳务供应数量						
费用分配率						

续 表

项目			交互分配			对外分配		
辅助车间名称			供电	锅炉	合计	供电	锅炉	合计
辅助生产车间耗用	供电车间	耗用数量						
		分配金额						
	锅炉车间	耗用数量						
		分配金额						
基本生产车间	甲	耗用数量						
		分配金额						
	乙	耗用数量						
		分配金额						
基本生产车间一般		耗用数量						
		分配金额						
管理部门耗用		耗用数量						
		分配金额						
分配金额合计								

八、制造费用的分配和归集

编制制造费用分配表（如表 5 - 11 所示），并编制记账凭证。

表 5 - 11　　　　　　　　　　　　制造费用分配表

应借科目	生产工时	分配率	分配金额
基本生产成本——甲			
基本生产成本——乙			
合计			

九、生产费用在完工产品和在产品之间的分配，结转完工产品成本

根据"基本生产成本明细账——甲""基本生产成本明细账——乙"的资料，采用约当产量法将生产费用在完工产品与月末在产品之间进行分配，编制产品成本计算单和完工产品成本汇总表（如表 5 - 12、表 5 - 13 和表 5 - 14 所示）。

表 5-12   甲产品成本计算单

产品：甲产品   2014 年 7 月   单位：元

摘要	直接材料	直接人工	直接动力	制造费用	合计
月初在产品					
本月生产费用					
生产费用合计					
完工产品数量					
月末在产品约当产量					
产量合计					
费用分配率（单位成本）					
完工产品总成本					
月末在产品成本					

表 5-13   乙产品成本计算单

产品：乙产品   2014 年 7 月   单位：元

摘要	直接材料	直接人工	直接动力	制造费用	合计
月初在产品					
本月生产费用					
生产费用合计					
完工产品数量					
月末在产品约当产量					
产量合计					
费用分配率（单位成本）					
完工产品总成本					
月末在产品成本					

表 5-14   完工产品成本汇总表

2014 年 7 月   单位：元

产品名称	产量（件）	直接材料	直接人工	直接动力	制造费用	合计
甲产品	1 600					
乙产品	1 000					
合计						

项目六 收入与利润核算岗位

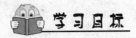 学习目标

【知识目标】

1. 了解收入核算范围。

2. 理解收入、利润核算岗位的主要业务内容。

3. 掌握利润的形成及其计算步骤。

【能力目标】

1. 能够认知收入核算的相关单据。

2. 能够熟练进行收入、利润核算的账务处理。

3. 能够准确地计算企业一定期间的经营成果（利润）。

【情感目标】

进一步渗透会计处理的严谨性与规范性教育，树立爱岗敬业精神。

任务一 认知增值税专用发票

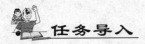 任务导入

同学们，请认真观察下面的增值税专用发票，请说出谁是买方、谁是卖方，并阐述该张增值税专用发票所反映的经济业务事项。

表6-1

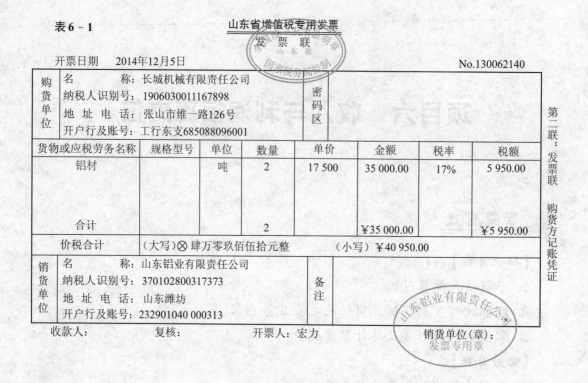

山东省增值税专用发票

发票联

开票日期　2014年12月5日　　　　　　　　　　　　　　　　No.130062140

购货单位	名　　称：长城机械有限责任公司 纳税人识别号：1906030011167898 地 址 电 话：张山市维一路126号 开户行及账号：工行东支685088096001				密码区			
货物或应税劳务名称	规格型号	单位	数量	单价	金额	税率	税额
铝材		吨	2	17 500	35 000.00	17%	5 950.00
合计			2		￥35 000.00		￥5 950.00
价税合计	（大写）⊗ 肆万零玖佰伍拾元整			（小写）￥40 950.00				
销货单位	名　　称：山东铝业有限责任公司 纳税人识别号：370102800317373 地 址 电 话：山东潍坊 开户行及账号：232901040 000313				备注			

收款人：　　　　复核：　　　　开票人：宏力　　　　　　　　销货单位（章）：发票专用章

第二联：发票联　购货方记账凭证

任务二　收入的核算

任务导入

通过认知任务一中的增值税专用发票，了解了销货方的收入来源，大家再考虑一下，该公司对职工的罚款属不属于企业的收入呢？

一、收入概述

（一）含义

收入分狭义收入和广义收入两种。

1. 狭义收入

狭义收入是指企业在销售商品、提供劳务及让渡资产使用权等日常业务中所形成的会导致所有者权益增加，与所有者投入资本无关的经济利益的总流入。

2. 广义收入

广义收入是指除狭义的收入外，还包括在日常经营活动以外的活动形成的收入和利得。主要表现为营业外收入、投资收益、公允价值变动损益等。

会计要素中的收入指的是狭义收入，也是本节所讨论的内容。

（二）特点

（1）收入从企业的日常经营活动中产生，而不是从偶发的交易或事项中产生。

日常活动是指企业为完成其经营目标所从事的经常性活动以及与之相关的活动。

偶发活动其流入的经济利益是利得而不是收入，例如处置固定资产、无形资产净收益、罚款收入、违约收入等。

（2）收入会导致所有者权益增加的，与所有者投入资本无关的经济利益总流入。表现为资产的增加、负债的减少或两者兼而有之。

（3）收入只包括本企业经济利益的流入，而不包括为第三方或客户代收的款项，如增值税、代收利息等。

（三）分类

营业收入按主次程度分为：主营业务收入和其他业务收入。

营业收入按性质划分为：销售商品收入、提供劳务收入和让渡资产使用权收入。

1. 主营业务收入（损益类账户）

核算企业进行经常性业务取得的收入，如销售商品收入、提供劳务收入等，它是利润形成的主要来源。该账户按主营业务的种类进行明细核算。

主营业务收入	损益类
本期（月）发生的销售退回或销售折让，应冲减的主营业务收入 期末，结转本账户余额转入"本年利润"账户	企业因销售商品或提供劳务取得的款项

2. 其他业务收入（损益类账户）

核算企业除主营业务以外的其他业务活动所取得的收入，具有不经常发生，每笔业务金额一般较小，占收入的比重较低等特点。如材料销售、代购代销、包装物出租等收入等。本科目应按其他业务的种类，如"材料销售""代购代销""包装物出租"等设置明细账。

其他业务收入	损益类
期末，将实现的收入转入"本年利润"账户	企业因销售材料等取得的收入

二、收入的核算

（一）主营业务收入的账务处理

1. 销售商品时

借：银行存款/应收账款/应收票据等

　　贷：主营业务收入

　　　　应交税费——应交增值税（销项税额）

2. 同时，结转已销售产品成本

借：主营业务成本

　　贷：库存商品

3. 销售退回或折让时

销售退回是指企业已经销售的产品，可能会由于产品的品种、质量等不符合购销合同的规定而被客户退回。

销售折让是指所售商品由于品种、质量等不符合客户要求，而客户仍可以继续使用的情况下，企业给予客户价格上的减让。

（1）退回、折让发生时：

借：主营业务收入

　　　　应交税费——应交增值税（销项税额）

　　贷：银行存款

（2）退回时，结转销售退回商品成本：

借：库存商品

贷：主营业务成本

4. 赊销商品，给予现金折扣

现金折扣是为了鼓励客户尽快付款而给予的价值减让。

（1）赊销时：

借：应收账款

　　贷：主营业务收入

　　　　应交税费——应交增值税（销项税额）

（2）付款给予现金折扣：

借：银行存款

　　财务费用

　　贷：应收账款

（二）其他业务收入的账务处理

1. 销售材料时

借：银行存款

　　贷：其他业务收入

　　　　应交税费——应交增值税（销项税额）

2. 同时结转已出售材料成本

借：其他业务成本

　　贷：原材料

【例6-1】　一般纳税人甲公司2014年12月发生以下商品销售主营业务，假设该公司在确认收入的同时随时结转已销售商品的成本。

（1）1日，采用支票结算方式销售A产品100件，价款100 000元，增值税17 000元，款项已收存入银行。100件A产品的成本为80 000元。甲公司的处理如下：

借：银行存款　　　　　　　　　　　　　117 000

　　贷：主营业务收入　　　　　　　　　　　100 000

　　　　应交税费——应交增值税（销项税额）　17 000

借：主营业务成本　　　　　　　　　　　80 000

　　贷：库存商品　　　　　　　　　　　　　80 000

（2）上述甲公司26日，采用赊销方式销售给南方公司甲产品300件，价款300 000元，增值税51 000元；付款条件为（含税计算）（2/10，1/20，n/30），该批甲产品成本王伟275 000元。甲公司账务处理如下：

借：应收账款——南方公司　　　　　　351 000

　　贷：主营业务收入　　　　　　30 0000

　　　　应交税费——应交增值税（销项税额）51 000

同时结转已销售商品成本

借：主营业务成本　　　　　　275 000

　　贷：库存商品　　　　　　275 000

（3）28 日，收到上述南方公司交来支票一张 343 980 元，甲公司账务处理如下：

借：银行存款　　　　　　343 980

　　财务费用　　　　7020（351 000×2%）

　　贷：应收账款——南方公司　　　　　　351 000

（4）29 日，某客户因产品质量问题退回上月销售的 A 产品 200 件，价款 250 000 元，增值税 42 500 元，企业一讲退货款已转账支票交给客户。该批 A 产品成本 240 000 元，已收存仓库。甲公司账务处理如下：

借：主营业务收入　　　　　　250 000

　　应交税费——应交增值税（销项税额）42 500

　　贷：银行存款　　　　　　292 500

（5）30 日，由于某客户发现甲产品 1 件外观存在问题，甲公司统一给予该客户 10% 的销售折让 1 170 元，销售折让款用转账支票交给客户。甲公司账务处理如下：

借：主营业务收入　　　　　　1 000

　　应交税费——应交增值税（销项税额）170

　　贷：银行存款　　　　　　1 170

【例 6-2】　一般纳税人甲公司 2014 年 12 月 7 日销售原材料一批，价款 10 000 元，增值税 1 700 元，款项收到存入银行。该批原材料实际成本 8 000 元。假设该公司在确认收入的同时随时结转已销售商品的成本。甲公司账务处理如下：

借：银行存款　　　　　　11 700

　　贷：其他业务收入　　　　　　10 000

　　　　应交税费——应交增值税（销项税额）　　　　1700

同时，结转该批材料实际成本：

借：其他业务成本　　　　　　8 000

　　贷：原材料　　　　　　8 000

任务三　营业税金的核算

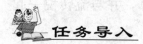　**任务导入**

在任务一的增值税专用发票中反映企业销售产品时需计算应税劳务或产品的增值税额。那么，企业在生产经营期间还需要计算缴纳哪些税种呢？

一、账户设置

核算内容如下：

营业税金及附加：属于损益类账户，反映企业经营主要业务应负担的营业税、消费税、城市维护建设税、资源税和教育费附加等。这些税金及附加，一般根据当月销售额或税额，按照规定的税率计算，于下月初缴纳。城市维护建设税和教育费附加属于附加税，是按企业当期实际缴纳的增值税、消费税和营业税三税相加的税额的一定比例计算。房产税、车船使用税、土地使用税、印花税在"管理费用"等科目核算，不在本科目核算。

1. 营业税

营业税是国家对提供各种应税劳务、转让无形资产或者销售不动产的单位和个人征收的税种。营业税按照营业额或交易金额的大小乘以相应的税率计算。

2. 消费税

消费税是国家为了调节消费结构，正确引导消费方向，在普遍征收增值税的基础上，选择部分消费品，再征收一道消费税。消费税实行价内征收，企业缴纳的消费税计入销售税金，抵减产品销售收入。

3. 资源税

资源税是国家对在我国境内开采矿产品或者生产盐的单位和个人征收的税种。资源税按照应税产品的课税数量和规定的单位税额计算，计算公式为：

$$应纳税额＝课税数量×单位税额$$

这里的课税数量为：开采或者生产应税产品销售的，以销售数量为课税数量；开采或者生产应税产品自用的，以自用数量为课税数量。

对外销售应税产品应缴纳的资源税计入"营业税金及附加"科目；自产自用应税产品应缴纳的资源税应计入"生产成本""制造费用"等科目。

4. 教育费附加

教育费附加是国家为了发展我国的教育事业，提高人民的文化素质而征收的一项费用。这项费用按照企业缴纳流转税的一定比例计算，并与流转税一起缴纳。

5. 城市维护建设税

城市维护建设税是稳定城市维护建设资金的来源，国家开征了城市维护建设税。

应当注意，上述所称"营业税金及附加"的几个税种不包括所得税和增值税。

二、账务处理

1. 计提时

借：营业税金及附加

    贷：应交税费——应交营业税

            ——应交城建税

            ——教育费附加

2. 缴纳时

借：应交税费——应交营业税

            ——应交城建税

            ——教育费附加

    贷：银行存款

【例 6 - 3】 某运输企业对外提供运输服务，收入 30 000 元，营业税率为 3%，并已用银行存款缴纳了营业税。

应交营业税＝30 000×3%＝900（元）

（1）计算时：

借：营业税金及附加   900

    贷：应交税费——应交营业税   900

（2）缴纳时：

借：应交税费——应交营业税   900

    贷：银行存款   900

【例6-4】 某企业本月主营业务收入应交增值税 120 000 元，消费税 80 000 元，该企业所在城市的城市维护建设税税率为 7%，所作会计处理如下：

应交城市维护建设税＝（120 000＋80 000）×7%＝14 000（元）

借：营业税金及附加   14 000

   贷：应交税费——应交城市维护建设税   14 000

【例6-5】 某企业本月主营业务应交增值税 120 000 元，消费税 80 000 元，该企业的教育费附加的核算如下：

应交的教育费附加＝（120 000＋80 000）×3%＝6 000（元）

借：营业税金及附加   6 000

   贷：应交税费——应交教育费附加   6 000

任务四　利润的核算

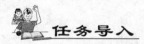 **任务导入**

一个月的生产经营后，企业的经营成果如何呢？我们来计算一下吧。

一、利润的核算内容

利润是企业在一定会计期间的经营成果，包括收入减去费用后的净额、直接计入当期利润的利得或损失等。

利得是指由企业非日常活动所形成的、会导致所有者权益增加的、与所有者投入资本无关的经济利益的流入。

损失是指由企业非日常活动所发生的、会导致所有者权益减少的、与向所有者分配利润无关的经济利益的流出。

二、利润的计算方法

根据我国《企业会计准则》规定，企业的利润一般分为营业利润、利润总额和净利润三个部分：

(一) 营业利润

营业利润＝营业收入－营业成本－营业税金及附加－管理费用－销售费用－财务费用－资产减值损失＋投资收益（或－投资损失）＋公允价值变动收益（或－公允价值变动损失）

其中：

（1）营业收入是指企业经营业务所确认的收入总额，包括主营业务收入和其他业务收入；

（2）营业成本是指企业经营业务所发生的实际成本总额，包括主营业务成本和其他业务成本；

（3）资产减值损失是指企业计提各项资产减值准备所形成的损失；

（4）公允价值变动收益（或损失）是指企业交易性金融资产等公允价值变动形成的应计入当期损益的收益（或损失）；

（5）投资收益（或损失）是指企业以各种方式对外投资所取得的收益（或发生的损失）。

(二) 利润总额

利润总额＝营业利润＋营业外收入－营业外支出

(三) 净利润

净利润＝利润总额－所得税费用

三、利润的结转

1. 结转各项收入、收益、利得时

借：主营业务收入
　　　其他业务收入
　　　公允价值变动损益
　　　投资收益
　　　营业外收入
　　贷：本年利润

2. 结转各项费用、损失时

借：本年利润

贷：主营业务成本

其他业务成本

营业税金及附加

销售费用

管理费用

财务费用

资产减值损失

营业外支出

四、所得税费用

所得税费用损益类账户，核算企业经营利润应缴纳的所得税。

（一）所得税费用的计算

所得税费用＝应纳税所得额×所得税适用税率

其中：

应纳税所得额＝税前会计利润（利润总额）＋纳税调整增加额－

纳税调整减少额

纳税调整增加额：税法规定允许扣除项目中，企业已计入当期费用但超过税法规定扣除标准的金额。如超过税法规定标准的职工福利费（职工工资及薪金的14%）、工会经费（2%）、职工教育经费（2.5%）、业务招待费、公益性捐赠支出、广告费、业务宣传费。以及企业已计入当期损失但税法规定不允许扣除项目的金额，如税收滞纳金、罚金、罚款。

纳税调整减少额：税法规定允许弥补的亏损和准予免税的项目，如前五年内未弥补亏损和国债利息收入等。

（二）所得税费用的账务处理

1. 计算时

借：所得税费用

　　贷：应交税费——应交企业所得税

2. 缴纳时

借：应交税费——应交企业所得税

　　贷：银行存款

3. 期末，结转至"本年利润"

借：本年利润

　　贷：所得税费用

五、利润的分配

企业本年实现的净利润加上年年初未分配利润（或减年初未弥补亏损）和其他转入后的余额，为可供分配的利润。

企业可供分配的利润，按下列顺序分配：提取法定盈余公积；提取任意盈余公积；向投资者分配利润。

（一）提取盈余公积

盈余公积是指企业按照规定从净利润中提取的企业积累资金，公司制企业的盈余公积包括法定盈余公积和任意盈余公积。

按照《公司法》有关规定，公司制企业应按照净利润（减弥补以前年亏损，下同）的 10% 提取法定盈余公积。非公司制企业法定盈余公积的提取比例可超过净利润的 10%。法定盈余公积累计额已达注册资本的 50% 时可以不再提取。

（二）向投资者分配利润的账务处理——现金股利

董事会或类似机构通过的利润分配方案中拟分配的现金股利或利润，不做账务处理，但应在附注中披露。

（三）账务处理

1. 结转本年利润时

借：本年利润

　　贷：利润分配——未分配利润

2. 提取盈余公积时

借：利润分配——提取法定盈余公积

　　贷：盈余公积——法定盈余公积

3. 宣告发放现金股利时

借：利润分配——应付现金股利

　　贷：应付股利

年度终了，企业应将"利润分配"科目所属其他明细科目的余额转入本科目"未分配利润"明细科目。结转后，本科目除"未分配利润"明细科目外，其他明细科目应无余额。"利润分配——未分配利润"科目如出现借方余额，则表示累积未弥补的亏损数额。对于未弥补亏损可以用以后年度实现的税前利润进行弥补，但弥补期限不得超过 5 年，超过 5 年以后可以用税后利润弥补，也可以用盈余公积补亏。

【例 6 - 6】　　D 股份有限公司本年实现净利润 2 000 000 元，本年提取法定盈余公积 200 000 元，宣告发放现金股利 800 000 元。假定不考虑其他因素，D 股份有限公司应编制的会计处理如下：

（1）结转本年利润

借：本年利润　　　　　　　　　　　2 000 000

　　贷：利润分配——未分配利润　　　　　　2 000 000

（2）提取法定盈余公积、宣告发放现金股利

借：利润分配——提取法定盈余公积　200 000

　　贷：盈余公积——法定盈余公积　　　　　200 000

借：利润分配——应付现金股利　　　800 000

　　贷：应付股利　　　　　　　　　　　　　800 000

同时，

借：利润分配——未分配利润　　　　1 000 000

　　贷：利润分配——提取法定盈余公积　　　200 000

　　　　　　　　——应付现金股利　　　　　800 000

任务五　收入与利润业务制单实训

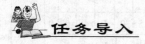 任务导入

根据本月份企业销售产品的情况，要编制收入业务相关记账凭证并计算当期利润了，我们来共同完成吧！

（1）2014 年 12 月 8 日，缴纳上月份的税金 54 285 元，其中：增值税 44 350 元、营业税 5 000 元、城建税 3 454.5 元、教育费附加税 1 480.5 元。

会计处理：根据税收缴款书 4 张，编制记账凭证。

表 6 - 2 　　　　　　　　中华人民共和国　　　京　　No. 0006514　　　 国

增值税税收缴款书　　　国

申

隶属关系：其他单位

经济性质：有限责任公司　　　填发日期：2014年12月8日　　　征收机关：北京市国税局平安里税务所

缴款单位（人）	代码	3	5	1	6	7	6	1	电话 86091234	预算科目	编码	010106										盖章后退缴款单位（人）作完税凭证也是申报纳税留存依据
	全称	北京兴达实业有限责任公司									名称	有限责任公司增值税										
	开户银行	中国工商银行西四分理处									级次	中央级										
	账号	61098878934									收缴国库	工商银行西单支行										

第一联（收据）国库（经验收）收款

税款所属时期2014年11月1日至2014年11月30日　　　　　税款限缴日期2014年12月10日

品目名称	课税数量	计税金额或销售收入	税率或单位税额	已缴或扣除额	实缴税额									
					亿	千	百	十	万	千	百	十	元	角	分
甲、乙产品		450 000	17%	32 150					4	4	3	5	0	0	0

金额合计：人民币（大写）⊗肆万肆仟叁佰伍拾零元零角零分　　　　　¥ 4 4 3 5 0 0 0

| 缴款单位（人）（盖章）经办人（章） | | 上列款项已收妥并划转收款单位账户国库（银行）　　　盖章　年　月　日 | 备注： |

（无银行收讫盖章无效）　　　　逾期不缴　　　　按税法规定加收滞纳金

表 6 - 3 　　　　　　　　中华人民共和国　　　京　　No. 0006514　　　 国

营业税税收缴款书　　　国

申

隶属关系：其他单位

经济性质：有限责任公司　　　填发日期：2014年12月8日　　　征收机关：北京市国税局平安里税务所

缴款单位（人）	代码	3	5	1	6	7	6	1	电话 86091234	预算科目	编码	010106										盖章后退缴款单位（人）作完税凭证也是申报纳税留存依据
	全称	北京兴达实业有限责任公司									名称	有限责任公司营业税										
	开户银行	中国工商银行西四分理处									级次	中央级										
	账号	61098878934									收缴国库	工商银行西单支行										

第一联（收据）国库（经验收）收款

税款所属时期2014年11月1日至2014年11月30日　　　　　税款限缴日期2014年12月10日

品目名称	课税数量	计税金额或销售收入	税率或单位税额	已缴或扣除额	实缴税额									
					亿	千	百	十	万	千	百	十	元	角	分
劳务收入		100 000	5%							5	0	0	0	0	0

金额合计：人民币（大写）⊗伍仟元整　　　　　¥ 5 0 0 0 0 0

| 缴款单位（人）（盖章）经办人（章） | | 上列款项已收妥并划转收款单位账户国库（银行）　　　盖章　年　月　日 | 备注： |

（无银行收讫盖章无效）　　　　逾期不缴　　　　按税法规定加收滞纳金

表 6 – 4

中华人民共和国
城建税税收缴款书

京
国
申

No.0006514

国

隶属关系：其他单位

经济性质：有限责任公司　　　　填发日期：2014年12月8日　　　征收机关：北京市国税局平安里税务所

缴款单位人（人）	代码	3	5	1	6	7	6	1	电话 86091234	预算科目	编码	010106									盖章后退缴款单位（人）作完税凭证也是申报纳税留存依据

缴款单位人（人）	全称	北京兴达实业有限责任公司	名称	有限责任公司城建税
	开户银行	中国工商银行西四分理处	级次	中央级
	账号	61098878934	收缴国库	工商银行西单支行

税款所属时期2014年11月1日至2014年11月30日　　　　　税款限缴日期2014年12月10日

品目名称	课税数量	计税金额或销售收入	税率或单位税额	已缴或扣除额	实缴税额									
					亿	千	百	十	万	千	百	十	元	角	分
甲、乙产品		49 350	7%							3	4	5	4	5	0

金额合计：人民币（大写）⊗叁仟肆佰伍拾肆元伍角零分　　　　　　　　¥ 3 4 5 4 5 0

缴款单位（人）（盖章）经办人（章）		上列款项已收妥并划转收款单位账户国库（银行）　　盖章　　年　月　日	备注：

（无银行收讫盖章无效）　　　　　逾期不缴　　　　按税法规定加收滞纳金

表 6 – 5

中华人民共和国
教育附加税税收缴款书

京
国
申

No.0006514

国

隶属关系：其他单位

经济性质：有限责任公司　　　　填发日期：2014年12月8日　　　征收机关：北京市国税局平安里税务所

缴款单位人（人）	代码	3	5	1	6	7	6	1	电话 86091234	预算科目	编码	010106	盖章后退缴款单位（人）作完税凭证也是申报纳税留存依据

缴款单位人（人）	全称	北京兴达实业有限责任公司	名称	有限责任公司教育附加税
	开户银行	中国工商银行西四分理处	级次	中央级
	账号	61098878934	收缴国库	工商银行西单支行

税款所属时期2014年11月1日至2014年11月30日　　　　　税款限缴日期2014年12月10日

品目名称	课税数量	计税金额或销售收入	税率或单位税额	已缴或扣除额	实缴税额									
					亿	千	百	十	万	千	百	十	元	角	分
甲、乙产品		49 350	3%							1	4	8	0	5	0

金额合计：人民币（大写）⊗壹仟肆佰捌拾零元伍角零分　　　　　　　　¥ 1 4 8 0 5 0

缴款单位（人）（盖章）经办人（章）		上列款项已收妥并划转收款单位账户国库（银行）　　盖章　　年　月　日	备注：

（无银行收讫盖章无效）　　　　　逾期不缴　　　　按税法规定加收滞纳金

（2）12月11日，销售给光明工厂A产品1 000件，单价200元，总计200 000元；增值税34 000元。收到光明工厂开出的为期两个月的商业承兑汇票一张，面额为234 000元。

表6-6　　　　　　　　河北省增值税专用发票
　　　　　　　　　　　　　记 账 联

开票日期　　2014 年 12月11日						No. 00187967		
购货单位	名　　　　称：光明工厂 纳税人识别号：465280104013184 地址、电话：文化路6号 0991-2354760 开户行及账号：商行石支4700031509002525553				密码区	7/1>>61<98>8->*5　加密版本号：01 3/9>3327867>383527567 97/>5-710079>-08/1312　440004314 *38426>>2-23/186>>49　00187967		
货物或应税劳务名称 A产品	规格型号	单位 公斤	数量 1 000	单价 200.00	金额 200 000.00	税率 17%	税额 34 000.00	
合计					¥200 000.00		¥34 000.00	
价税合计	（大写）⊗ 贰拾叁万肆仟元整				（小写）¥234 000.00			
销货单位	名　　　　称：丰源实业有限责任公司 纳税人识别号：465280104013184 地址、电话：建设路21号 0991-2866126 开户行及账号：工行唐支4700022609003636668				备注	发票专用章 税号：465280104013184		

收款人：　　　复核：　　　开票人：冯小磊　　　销货单位（章）：

表6-7　　　　　　　　　商业承兑汇票

签发日期　贰零壹肆年壹拾贰月壹拾肆日　　　　　　　　第21号

收款单位	全　称	光明工厂		付款单位	全　称	丰源实业有限责任公司										
	账　号	4700031509002525553			账　号	4700022609003636668										
	开户银行	商行石支	行号		开户银行	工行唐支	行号									
汇票金额	人民币（大写）贰拾叁万肆仟元整						千	百	十	万	千	百	十	元	角	分
汇票到期日	2014 年 12 月 14 日			交易合同号码												
本汇票已经本单位承兑，到期日无条件支付票款。 此致																

收款人 付款人盖章
负责：杜荣华 经办：李强 2014 年 12 月 14 日

汇票签发人盖章
负责：杜荣华 经办：李强

（3）12月13日，出售甲材料500千克，销售价款为15 000元，增值税2 550元，款收到，存入银行。

表6-8　　　　　　　　　　河北省增值税专用发票
记　账　联

No. 00187968

开票日期　2014 年 12 月 13 日

购货单位	名　　　称：黄河公司 纳税人识别号：465280104034568 地 址、电 话：天泄路16号 0991-2358542 开户银行及账号：工行石支4700031509003254896	密码区	0234>>78<98>8->*5　加密版本号：01 2/4>33>>721>383520147 65/>5-711200>-18/0012　440004320 *38//126>>2-203//86>>>0　00187968

货物或应税劳务名称	规格型号	单位	数量	单价	金额	税率	税额
甲材料	PU	千克	750	20.00	15 000.00	17%	2 550.00
合计					￥15 000.00		￥2 550.00

价税合计	（大写）⊗ 壹万柒仟伍佰伍拾元整	（小写）￥17 550.00

销货单位	名　　　称：丰源实业有限责任公司 纳税人识别号：465280104013184 地 址、电 话：建设路21号 0991-2866126 开户银行及账号：工行唐支4700022609003636668	备注	丰源实业有限责任公司 发票专用章 税号：465280104013184

收款人：　　　　复核：　　　　开票人：冯小磊　　　　销货单位(章)：

表6-9　　　　　　　　　中国工商银行进账单（收账通知）　　1
2014 年 12 月 13 日　　　　　　　　　　第 36 号

出票人	全　称	黄河公司	持票人	全　称	丰源实业有限责任公司
	账　号	4700031509003254896		账　号	4700022609003636668
	开户银行	工行石支		开户银行	唐山市工行建设路分理处

汇票金额	人民币（大写）壹万柒仟伍佰伍拾元整	千	百	十	万	千	百	十	元	角	分
				￥	1	7	5	5	0	0	0

票据种类	转账支票
票据张数	1 张

中国工商银行
唐山市建设支行

转讫

单位
主管　　会计　　复核　　记账　　　　　　　　　持票人开户行盖章

（4）12 月 18 日，销售给五环工厂 A 产品 2 500 件，单价 200 元，B 产品，500 件，单价 150 元，增值税 97 750 元，款项尚未收到。

表 6 - 10

河北省增值税专用发票

<u>记 账 联</u>

开票日期　2014 年 12 月 18 日

No. 00187969

购货单位	名　　　称：五环工厂 纳税人识别号：465280104034568 地址、电话：宁边路116号 0991-2353451 开户行及账号：建行石支4700031509006582934	密码区	4/0>>65<97>8-+*7　加密版本号：01 //1>3320100>383//1023 *7//>5-70012>-07//1303　440004308 *38//6>>2-25//80>>>9　00187969

货物或应税劳务名称	规格型号	单位	数量	单价	金额	税率	税额
A产品	PU	件	2 500	200	500 000	17%	85 000
B产品		件	500	150	75 000	17%	12 750
合计					￥575 000		￥97 750

价税合计	（大写）⊗陆拾柒万贰仟柒佰伍拾元整　　　　（小写）￥672 750.00

销货单位	名　　　称：丰源实业有限责任公司 纳税人识别号：465280104013184 地址、电话：建设路21号　0991-2866126 开户行及账号：工行唐支4700022609003636668	备注

收款人：　　　　复核：　　　　开票人：冯小磊　　　　销货单位(章)：

（右侧竖排）第四联　记账联　销货方记账凭证

（5）12 月 31 日，按上月末单价计算结转本月已售产品的销售成本。

表 6 - 11

产品销售成本汇总计算表

2014 年 12 月 31 日

单位：元

产品名称	单位	销售数量	单位成本	总销售成本	备注
A产品	件		110		
B产品	件		140		
合计					

审核：丁强　　　　会计：　　　　制单：

（右侧竖排）附件 3 张

（6）12 月 31 日，结转本月已销售甲材料的成本 10 000 元。

表 6 - 12

材料销售成本计算表

2014 年 12 月 31 日

单位：元

材料名称	单位	销售数量	单位成本	总销售成本	备注
甲材料	千克	500	20	10 000	销售
合计				10 000	

审核：丁强　　　　会计：　　　　制单：

表 6 - 13

领料单

领用单位：销售部　　　　　　　　2014 年 12 月 11 日　　　　　　　　凭证编号：090

用　　途：销售　　　　　　　　　　　　　　　　　　　　　　　　　　发料仓库：2 号

材料编号	材料名称	规格	计量单位	数量		单价	金额
				请领	实发		
003	甲材料	PU	千克	500	500	20	10 000
合计			壹万元整				10 000
备注			剩余材料用于对外销售			附单据 1 张	

领料人：李建新　　　　　　发料人：冯磊　　　　　　销售部门负责人：唐强

第二联　送会计

第二篇
会计制单综合实训

项目七　模拟公司财务会计综合实训

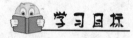 **学习目标**

【知识目标】

1. 了解综合业务所涉及的原始凭证。

2. 熟悉各类经济业务的内容。

3. 掌握记账凭证的填制方法。

【能力目标】

1. 能够认知相关原始凭证。

2. 能够根据经济业务编制会计分录。

3. 能够根据会计分录填制各种记账凭证。

【情感目标】

培养学生的综合实训能力，团队协作能力，以及认真、细心、一丝不苟的职业素质。

一、公司概况

（一）公司基本情况

公司名称：丰源实业有限责任公司（以下简称丰源公司）

经营地址：昌吉市建设路 21 号

基本存款账户开户行：中国工商银行昌吉市分行建设路分理处

账号：4700022609003636668

纳税人登记号：465280104013184，为增值税一般税人，税率为 17%

主要产品：生产 A、B 两种产品

机构设置：公司内设一个生产车间（该生产车间进行全部工艺流程的加

工），另设若干个党群和行政职能部门、一个销售机构

会计核算组织：公司集中核算

（二）有关人员

法人代表：张建军

会计主管：丁强

会计：实习学生

出纳：李红艳

保管员：冯磊

（三）公司会计制度

会计核算程序：记账凭证账务处理程序

成本核算：采用品种法计算产品成本

盈余公积：在年末一次提取，法定盈余公积提取比例为 10%

二、有关账户余额资料

（1）2014 年 11 月末各总分类账户余额，如表 7-1 所示。

表 7-1 　　　　　　　　　　各总分类账户余额　　　　　　　　　　单位：元

账户	借或贷	金额	账户	借或贷	金额
库存现金	借	3 000	累计折旧	贷	2 222 000
银行存款	借	4 942 100	应付票据	贷	50 000
交易性金融资产	借	350 000	短期借款	贷	200 000
应收票据	借	100 000	应付账款	贷	106 100
应收账款	借	150 000	预收账款	贷	100 000
其他应收款	借	6 000	应付职工薪酬	贷	95 000
原材料	借	735 000	应交税费	贷	45 000
库存商品	借	2220 000	应付利息	贷	40 000
预付账款	借	23 000	实收资本	贷	9 000 000
固定资产	借	7 640 000	资本公积	贷	2 000 000
无形资产	借	375 000	盈余公积	贷	164 000
			本年利润	贷	2 308 000

账户	借或贷	金额	账户	借或贷	金额
			未分配利润	贷	214 000
合计		16 544 100			16 544 100

（2）2014 年 11 月末有关明细分类账户余额，如表 7-2 至表 7-6 所示。

表 7-2　　　　　　　　　　库存商品明细账户余额

产品名称	单位	数量	单价	金额
A 产品	件	10 000	110	1 100 000
B 产品	件	8 000	140	1 120 000
合计				2 220 000

表 7-3　　　　　　　　　　原材料明细账户余额

材料名称	单位	数量	单价	金额
甲材料	千克	6 000	20	120 000
乙材料	千克	4 500	60	270 000
丙材料	千克	4 500	50	225 000
丁材料	千克	8 000	15	120 000
合计				735 000

表 7-4　　　　　　　　　　应收账款明细账户余额

一级科目	明细科目	借或贷	金额
应收账款	光华建材有限责任公司	借	58 500
	红星实业有限责任公司	借	91 500
合计			150 000

表 7-5　　　　　　　　　　应付账款明细账户余额

一级科目	明细科目	借或贷	金额
应付账款	华运机电有限责任公司	贷	93 600
	庭州建材有限责任公司	贷	12 500
合计			106 100

表 7 - 6 应交税费及其他应交款明细账户余额

一级科目	明细科目	借或贷	金额
应交税费	未交增值税	贷	30 000
	应交所得税	贷	8 000
	应交城市维护建设税	贷	4 900
	教育费附加	贷	2 100
合计			45 000

（3）2014 年 1—11 月损益类账户累计发生额，如表 7 - 7 所示（均已按月结转）。

表 7 - 7 损益类账户累计发生额一览表

账户名称	借方发生额	账户名称	贷方发生额
主营业务成本	9 570 000	主营业务收入	14 850 000
营业税金及附加	95 000	其他业务收入	1 800 000
其他业务成本	800 000	投资收益	795 000
管理费用	1 730 000	营业外收入	10 000
销售费用	1 550 000		
财务费用	150 000		
营业外支出	120 150		
所得税费用	1 131 850		
合计	15 147 000		17 455 000

三、实训要求

根据下列原始凭证填制通用记账凭证。

四、实训资料

丰源公司 2014 年 12 月发生的具体经济业务及其原始凭证如下。

表7-8　　　　　　　　**中国工商银行进账单（收账通知）　1**

2014 年 12 月 1 日　　　　　　　　　　　　　第 21 号

出票人	全　称	光华建材有限责任公司	持票人	全　称	丰源实业有限责任公司
	账　号	3600044900652377218		账　号	4700022609003636668
	开户银行	武汉市石化支行		开户银行	昌吉市工行建设路分理处

汇票金额	人民币（大写）⊗伍万捌仟伍佰元整	千	百	十	万	千	百	十	元	角	分
					¥	5	8	5	0	0	0	0

票据种类	转账支票
票据张数	1 张

中国工商银行
昌吉市建设支行
转讫

单位				持票人开户行盖章
主管　　　会计　　　复核　　　记账				

此联是持票人开户银行交给持票人的收账通知

根据表 7-9（b）完成下列收据空白部分填写，然后编制记账凭证。

表 7-9（a）　　　　　　　　　　**收据**

2014 年 12 月 2 日　　　　　　　　　　　　No. 0004282

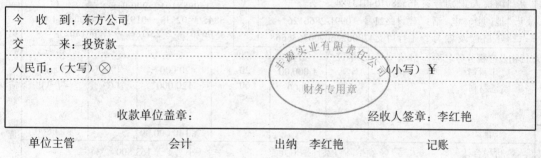

今　收　到：东方公司
交　　来：投资款
人民币：（大写）⊗　　　　　　　　　　　　　　（小写）¥
收款单位盖章：　　　　　　　　　　经收人签章：李红艳

单位主管　　　　　会计　　　　　出纳　李红艳　　　　记账

表 7-9（b）　　　　**中国工商银行进账单（收账通知）　1**

2014 年 12 月 2 日　　　　　　　　　　第 21 号

出票人	全　称	东方公司	持票人	全　称	丰源实业有限责任公司
	账　号	2300011700325100429		账　号	4700022609003636668
	开户银行	青州市中行天山支行		开户银行	昌吉市工行建设路分理处

汇票金额	人民币（大写）⊗ 贰拾万元整	千	百	十	万	千	百	十	元	角	分
			¥2	0	0	0	0	0	0	0	0

票据种类	转账支票
票据张数	1 张

中国工商银行
昌吉市建设支行
转讫

单位
主管　　会计　　复核　　记账　　　　　　　持票人开户行盖章

此联是持票人开户银行交给持票人的收账通知

表 7-10(a)　　　　　　　**湖北省增值税专用发票**

发 票 联
湖北
国家税务总局监制

开票日期：2014 年 12 月 2 日　　　　　　　　　No. 00180234

购货单位	名　　称：丰源实业有限责任公司	密码区	4<0/0*31*6<2+7703+6 加密版本号：01
	纳税人识别号：465280104013184		/1-1-09881019>990/0+8
	地址、电话：建设路21号　0991-2866126		6845/3<0211+-+0191312　440004314
	开户行及账号：工行唐支4700022609003636668		4<0676->>2-23/186>>-1　00180234

货物及应税劳务名称	规格型号	单位	数量	单价	金额	税率	税额
甲材料	PU	千克	1 000.00	20	20 000	17%	3 400
乙材料	FJ	千克	2000	60	120 000	17%	20 400
合计					¥140 000.00		¥23 800

价税合计	（大写）⊗ 壹拾陆万叁仟捌佰元整		前进建材厂　发票专用章　税号：359291040021388　（小写）¥163 800

销货单位	名　　称：武汉市前进建材工厂	备注	
	纳税人识别号：359291040021388		
	地址、电话：汉口127号 027-54566788		
	开户行及账号：工行汉支 0776024001469		

收款人：　　　　复核：　　　　开票人：李燕　　　　　销货单位（章）：

第二联　发票联　购货方记账凭证

表 7－10 (b)（填写）　　　　　　　　**收料单**

2014 年 12 月 2 日　　　　　　　　　　　　　　No. 045301

供货单位：武汉市前进建材工厂					实际成本													第二联 送会计部门
编号	材料名称	规格	送验数量	实收数量	单位	单价	运杂费	金额										
								百	十	万	千	百	十	元	角	分		
003	甲材料	PU	1 000	1 000	千克													
004	乙材料	FJ	2 000	2 000	千克													
合计																		
备注：							附单据 2 张											

主管：　　　会计：　　　保管：冯磊　　　复核　　　验收：张志强

完成下列空白支票的填写，然后编制记账凭证。

表 7－10 （c）

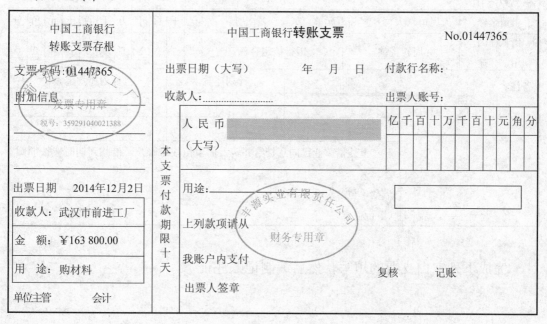

表 7 - 11 　　　　　　　　　　　　借款单

2014 年 12 月 2 日

借款部门或姓名：张小红					
借款事由：出差					
共需天数：一个月					
借款金额：人民币（大写）⊗叁仟元整				（小写）￥3 000.00	
领导批示	同意 张建军	财务负责人	同意 丁强	借款人签章	张小红

表 7 - 12 　　　　　　中国工商银行（短期借款）借款凭证（回单）　　④

2014 年 12 月 2 日 　　　　　　　　　　　　银行编号：3040126

名　称	丰源实业有限责任公司	借款单位	名　称	丰源实业有限责任公司									
往来账户	050101100228045		放款账户	050101100132023									
开户银行	工行建支		开户银行	工行建支									
还款期限	3 个月	利率	5%	起息日期	2014 年 12 月 2 日								
申请金额	人民币（大写）⊗陆万元整			亿	千	百	十	万	千	百	十	元	角	分
借款原因 用　途	周转贷款	银行核定金额					￥	6	0	0	0	0	0	0
备注：	期限		计划还款		计划还款金额									
	中国工商银行 昌吉市建设支行													
	上述借款业已同意贷给并转入你单位往来账户，借款到期时应按期归还。 　　　此致													
	借款单位 （银行盖章）				2014 年 12 月 2 日									

完成下列空白支票的填写，然后编制记账凭证。

表 7-13 （a）

中国工商银行 转账支票存根 支票号码：01447365 附加信息 出票日期　2014年12月3日 收款人：市机电维修公司 金　额：¥5 380.00 用　途：支付维修费用 单位主管　　　会计	中国工商银行**转账支票**　　　　No.01447366

中国工商银行 **转账支票**　　　　　　No.01447366

出票日期（大写）　　年　月　日　　付款行名称：

收款人：..................　　　　　出票人账号：

人民币 （大写）	亿	千	百	十	万	千	百	十	元	角	分

用途：_____

上列款项请从

我账户内支付　　　　　　　　　复核　　　记账

出票人签章

本支票付款期限十天

表 7-13 （b）

新疆工业企业统一发票

购货单位：丰源实业有限责任公司　　2014 年 12 月 3 日　　　　No.00187966

货号	品名规格或 加工修理项目	计量单位	数量	单价	金额								备注
					十万	千	百	十	元	角	分	
	设备维修				¥	5	3	8	0	0	0	
合计	人民币（大写）⊗伍仟叁佰捌拾元整				（小写）¥5 380.00							

单位：（盖章）　　　　　　收款人：赵强　　　　　开票人：李燕

第二联　发票联

表7-14(a)   新疆增值税专用发票

发票联
新疆

开票日期   2014 年 12 月 3 日   No. 00187966

购货单位	名 称： 丰源实业有限责任公司 纳税人识别号： 465280104013184 地址、电话： 建设路21号 0991-2866126 开户行及账号： 工行昌支4700022609003636668		密码区	*73-+54477865*+-/98 加密版本号：01 //-275+6*94>4+6310052 4//563<0217+-+019>302 400004100 3<0602->>2/4>>4/>>>0 00187966			
货物或应税劳务名称 丙材料	规格型号 HE	单位 千克	数量 500	单价 50.00	金额 25 000.00	税率 17%	税额 4 250.00
合计					¥25 000.00		¥4 250.00
价税合计	（大写）⊗ 贰万玖仟贰佰伍拾元整				（小写）¥29 250.00		
销货单位	名 称： 乌苏市星海工厂 纳税人识别号： 465280104023489 地址、电话： 建国路06号 0993-4569328 开户行及账号： 农行建支 0656022001325		备注	发票专用章 税号：465280104023489			

收款人：   复核：   开票人： 唐杰   销货单位(章)：

表7-14 (b)   公路、内河货物运输业统一发票（代开）

发 票 联
新疆

开票日期：2014 年 12 月 3 日   No. 34501002956

机打代码 机器编号	00295632 20062579	税控码	
收货人及纳税人识别号	丰源实业有限责任公司 465280104013184	承运人及纳税人识别号	乌苏市顺风汽车运输队 465280104065267
运输项目及金额	公路货物运输 500.00	其他及金额	备注（手写无效） 代开单位盖章
运费小计	¥500.00	其他费用小计	¥0.00
合计	人民币（大写）⊗伍佰元整		(小写) ¥500.00
代开单位及代号	乌苏市地方税务局 345010900	扣缴税额、税率 完税凭证号码	33.00 (税率) 6.6% 20040980391

乌苏市地方税务局 代开发票专用章 345010900

（注：暂不考虑运费的增值税进项税抵扣）   开票人：陆红光

第二联 发票联 购货方记账凭证

第二联 发票联 付款方记账凭证

表7－15（a）

新疆增值税专用发票

开票日期：2014年12月4日　　　　　　　　　　　　　　　　No. 00187967

购货单位	名　　　称：光明工厂 纳税人识别号：465280104013184 地址、电话：文化路6号　0991-2354760 开户行及账号：商行乌支4700031509002525553				密码区	7/1>>61<98>8->*5　加密版本号：01 3/9>3327867>383527567 97/>5-710079>-08/1312　440004314 *38426>>2-23/186>>49　00187967			
货物或应税劳务名称	规格型号	单位	数量	单价	金额		税率	税额
A产品		千克	1 000	200	200 000		17%	34 000
合计					￥200 000			￥34 000
价税合计	（大写）⊗ 贰拾叁万肆仟元整				（小写）￥234 000			
销货单位	名　　　称：丰源实业有限责任公司 纳税人识别号：465280104013184 地址、电话：建设路21号　0991-2866126 开户行及账号：工行昌支4700022609003636668				备注	财务专用章 税号:465280104013184			

收款人：　　　　　复核：　　　　　开票人：冯小刚　　　　　销货单位（章）：

表7－15（b）

商业承兑汇票

签发日期　贰零壹肆年壹拾贰月零肆日　　　　　　　　　　　第21号

付款人	全　称	光明工厂			收款人	全　称	丰源实业有限责任公司										
	账　号	4700031509002525553				账　号	4700022609003636668									
	开户银行	商行乌支	行号			开户银行	工行昌支	行号		千	百	十	万	千	百	十	元	角	分
汇票金额	人民币（大写）⊗ 贰拾叁万肆仟元整										￥	2	3	4	0	0	0	0	0	0
汇票到期日	2014 年 12 月 4 日				交易合同号码											

本汇票已经本单位承兑，到期日无条件支付票款

此致

财务专用章　　收款人
　　　　　　　　付款人盖章

负责：杜荣华　经办：李强 2014 年 12 月 4 日

光明工厂　财务专用章　　　汇票签发人盖章

负责：杜荣华 经办：李强

表7-16（a）　　　　　　　　　**固定资产验收交接单**

2014 年 12 月 5 日　　　　　　　　　　金额：元　　　　　　　　　　　　　　　　No.0001234

资产名称	规格	计量单位	数量	单价或工程造价	安装费用	其他费用	合计	已提折旧
机床	W6	台	1	234 000			234 000	
资产来源	购入	制造厂名	长城机电	使用年限	10 年	估计残值	8 000	
合计：人民币（大写）⊗贰拾叁万肆仟元整						（小写）￥234 000.00		

验收人：刘静　　　　　　　接管人：赵红斌　　　　　　　主管：　　　　　　　会计：

表7-16(b)　　　　　　　　　**山东省增值税专用发票**

发　票　联

开票日期：2014年12月5日　　　　　　　　　　　　　　　　　　　　　　No. 03187986

购货单位	名　　　称：丰源实业有限责任公司 纳税人识别号：465280104013184 地址、电话：建设路21号　0991-2866126 开户行及账号：工行昌支4700022609003636668				密码区	456>>9/46*-+　　加密版本号：01 73-+12/95835107+34+ //-276+6*94>4+6410053　440003126 *4259>->>2/4>>4/>>>0　03187986		
货物或应税劳务名称	规格型号	单位	数量	单价	金额	税率	税额
机床	W6	台	1	200 000	200 000	17%	34 000
合计					￥200 000		￥34 000
价税合计	（大写）⊗ 贰拾叁万肆仟元整				（小写）￥234 000.00		
销货单位	名　　　称：山东省长城机电工厂 纳税人识别号：527811002035846 地　址、电话：红星16号 66786704 开户行及账号：工行红星支 08800544002578			备注	长城机电公司 发票专用章 税号：527811002035846		

收款人：　　　　复核：　　　　开票人：王丽红　　　　销货单位(章)：

第二联　发票联　购货方记账凭证

完成下列空白支票的填写，然后编制记账凭证。

表 7 - 16 (c)

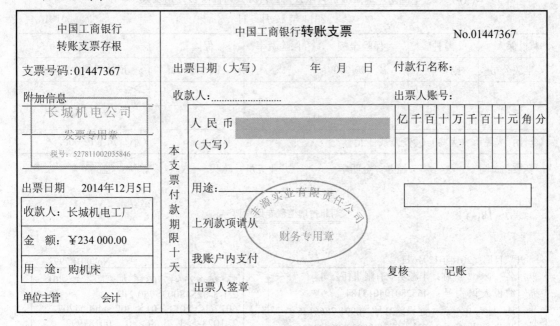

完成下列空白支票的填写，然后编制记账凭证。

表 7 - 17 (a)

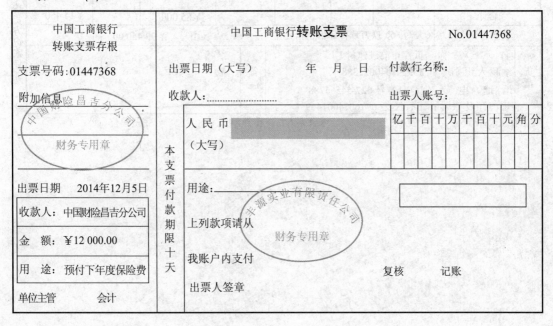

表 7‑17（b）　中国财产保险股份有限公司昌吉分公司保险费专用发票

2014 年 12 月 5 日　　　　　　　　　　No.0001310

投保人	险种	保险金额	保险费率	保险费	备注
丰源公司	财产险	12 000 000	1‰	12 000.00	预付下年度保险费

合计：人民币（大写）⊗壹万贰仟元整　　　　　　　　　　（小写）￥12 000.00

复核：黄同　　　　　经办：金明学　　　　　业务员：陈兵　　　　　单位：（盖章）

表 7‑18(a)　湖北省增值税专用发票

发 票 联

开票日期：2014年12月6日　　　　　　　　　　No.00187992

购货单位	名　称：丰源实业有限责任公司 纳税人识别号：465280104013184 地址、电话：建设路21号　0991-2866126 开户行及账号：工行昌支4700022609003636668	密码区	*31*6<<2+/-+7703*6 加密版本号：01 2/1-3-02548003>950/2+3 6012/3<<201+-+01>>302 440004202 2<1023->>1-23//86>>0　00187992		
货物或应税劳务名称	规格型号	单位	数量	单价	金额	税率	税额

货物或应税劳务名称	规格型号	单位	数量	单价	金额	税率	税额
甲材料	PU	千克	2 000	20	40 000	17%	6 800
乙材料	UK	千克	3 000	15	45 000	17%	7 650
合计					￥85 000		￥14 450

价税合计	（大写）⊗ 玖万玖仟肆佰伍拾元整				（小写）￥99 450.00

销货单位	名　称：武汉市前进建材工厂 纳税人识别号：359291040021388 地址、电话：汉口127号 027-54566788 开户行及账号：工行汉支 0776024001469	备注	发票专用章 税号：359291040021388

收款人：　　　　　复核：　　　　　开票人：李燕　　　　　销货单位(章)：

第二联　发票联　购货方记账凭证

表 7－18（b）　　　　　公路、内河货物运输业统一发票（代开）

开票日期：2014 年 12 月 6 日　　　　发 武票 联　　　　No.00256010768

机打代码 机器编号	00125326 20061009	税控码	
收货人及纳 税人识别号	丰源实业有限责任公司 465280104013184	承运人及纳 税人识别号	汉口神龙汽车运输队 359291040065796
运输项目 及金额	公路货物运输 5 000.00	其他及金额	（手写无效） 代开单位盖章
运费小计	￥5 000.00	其他费用小计	￥0.00
合计	（大写）⊗伍仟元整		（小写）￥5 000.00
代开单位及 代号	汉口市地方税务局 354020876	扣缴税额、税率 完税凭证号码	330.00（税率）6.6% 20061007402

（注：暂不考虑运费的增值税进项税抵扣）　　　　　　　　　开票人：张瑜

第二联　发票联　付款方记账凭证

表 7－18（c）（计算填写）　　　　运费分配表

2014 年 12 月 6 日　　　　　　　　No.045302

材料名称	购进重量（千克）	发生运费	分配率	分配金额（元）
甲材料	2 000			
丁材料	3 000			
合计	5 000	5 000		5 000

会计：　　　　　　　制单：赵红　　　　　　　复核

表 7－18（d）（填写）　　　　收料单

2014 年 12 月 6 日　　　　　　　No.045302

编号	材料 名称	规格	送验 数量	实收 数量	单位	单价	运杂费	百	十	万	千	百	十	元	角	分
供货单位：武汉市前进建材工厂					实际成本			金额								
003	甲材料	PU	2 000	2 000	千克											
006	丁材料	UK	3 000	3 000	千克											
		合计														
备注：								附单据 2 张								

主管：　　　会计：　　　保管：冯磊　　　复核　　　验收：张志强

第二联　送会计部门

表 7–18（e）　　　　　　　　　　　　**商业承兑汇票**

签发日期　贰零壹肆年壹拾贰月零陆日　　　　　　　　　　　　　　第 11 号

<table>
<tr><td rowspan="3">付款人</td><td>全　称</td><td colspan="2">丰源实业有限责任公司</td><td rowspan="3">收款人</td><td>全　称</td><td colspan="2">武汉市前进建材工厂</td></tr>
<tr><td>账　号</td><td colspan="2">4700022609003636668</td><td>账　号</td><td colspan="2">0776024001469</td></tr>
<tr><td>开户银行</td><td>工行昌支</td><td>行号</td><td>开户银行</td><td>工行汉支</td><td>行号</td></tr>
</table>

汇票金额	人民币（大写）⊗壹拾万肆仟肆佰伍拾元整	千	百	十	万	千	百	十	元	角	分
			¥	1	0	4	4	5	0	0	0

汇票到期日	2014 年 12 月 16 日	交易合同号码	

本汇票已经本单位承兑，到期日无条件支付票款。
　　　　　　　　　　此致
　　　　　　收款人
　　　　　付款人盖章
负责：杜荣华　经办：李强 2014 年 12 月 6 日

汇票签发人盖章
负责：杜荣华 经办：李强

表 7–19（a）　　　　　　　　　　　　**收料单**

根据 007（1）（2）填写　　　　　2014 年 12 月 6 日　　　　　　　No. 045303

<table>
<tr><td colspan="6">供货单位：乌苏市星海工厂</td><td colspan="11">实际成本</td><td rowspan="4">第二联　送会计部门</td></tr>
<tr><td rowspan="3">编号</td><td rowspan="3">材料名称</td><td rowspan="3">规格</td><td rowspan="3">送验数量</td><td rowspan="3">实收数量</td><td rowspan="3">单位</td><td rowspan="3">单价</td><td rowspan="3">运杂费</td><td colspan="9">金额</td></tr>
<tr><td>百</td><td>十</td><td>万</td><td>千</td><td>百</td><td>十</td><td>元</td><td>角</td><td>分</td></tr>
<tr><td></td><td></td><td></td><td></td><td></td><td></td><td></td><td></td><td></td></tr>
<tr><td>005</td><td>丙材料</td><td>HE</td><td>500</td><td>500</td><td>千克</td><td></td><td></td><td></td><td></td><td></td><td></td><td></td><td></td><td></td><td></td><td></td></tr>
<tr><td></td><td></td><td></td><td></td><td></td><td></td><td></td><td></td><td></td><td></td><td></td><td></td><td></td><td></td><td></td><td></td><td></td></tr>
<tr><td></td><td></td><td></td><td></td><td></td><td></td><td></td><td></td><td></td><td></td><td></td><td></td><td></td><td></td><td></td><td></td><td></td></tr>
<tr><td colspan="6">合计</td><td></td><td></td><td></td><td></td><td></td><td></td><td></td><td></td><td></td><td></td><td></td></tr>
<tr><td colspan="6">备注：</td><td colspan="11">附单据 1 张</td></tr>
</table>

主管：　　　　会计：　　　　保管：冯磊　　　　复核　　　　验收：张志强

完成下列空白支票的填写，然后编制记账凭证。

表 7-19（b）

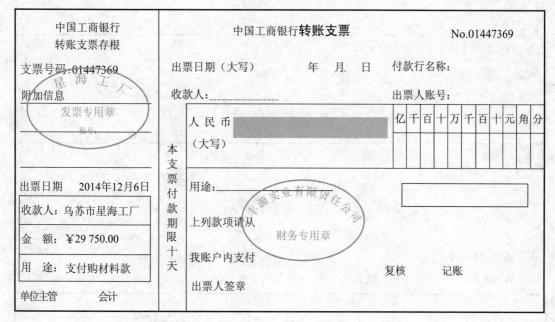

完成下列空白支票的填写，然后编制记账凭证。

表 7-20（a）

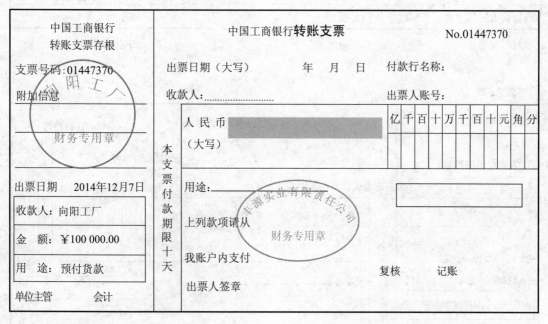

表 7 - 20 (b)

收据

2014 年 12 月 7 日

No. 0015013

今　收　到：丰源实业有限责任公司
交　　　来：预付货款
人民币：（大写）⊗壹拾万元整　　　　　　　（小写）￥100 000.00

收款单位盖章：　　　　　　　财务专用章 经收人签章：王万州

单位主管：　　　　会计：　　　　出纳：海江红　　　　记账：

完成下列空白支票的填写，然后编制记账凭证。

表 7 - 21 (a)

新疆广告业专用发票

客户名称：丰源实业有限责任公司　　2014 年 12 月 9 日　　　　　No. 0056384

项目	单位	数量	单价	金额							
				十	万	千	百	十	元	角	分
广告费	次	1	4 500		￥	4	5	0	0	0	0
合计：人民币（大写）⊗肆仟伍佰元整				（小写）￥4 500.00							

单位：（盖章）　　　　　　　　　　　　　　　　开票人：胡玉青

表 7 - 21 (b)

中国工商银行 转账支票存根	中国工商银行**转账支票**			No.01447371
支票号码：01447371	出票日期（大写）　　年　月　日		付款行名称：	
附加信息 乌市创意广告有限公司 发票专用章 税号：	收款人：＿＿＿＿＿＿		出票人账号：	
	人民币 （大写）		亿千百十万千百十元角分	
出票日期　2014年12月9日	用途：＿＿＿＿			
收款人：乌市创意广告有限公司	上列款项请从 我账户内支付 出票人签章	本支票付款期限十天	复核　　记账	
金　额：￥4 500.00				
用　途：支付广告费用				
单位主管　　会计				

根据表 7－22（b）完成空白支票的填写，然后编制记账凭证。

表 7－22（a）

中国工商银行 转账支票存根	中国工商银行**转账支票**		No.01447372
支票号码：01447372	出票日期（大写） 年 月 日		付款行名称：
附加信息	收款人：⋯⋯⋯⋯⋯⋯		出票人账号：

中国工商银行转账支票存根

支票号码：01447372

附加信息

本支票付款期限十天

出票日期 2014年 月 日

收款人：

金 额：

用 途：

单位主管 会计

中国工商银行**转账支票** No.01447372

出票日期（大写） 年 月 日 付款行名称：

收款人：⋯⋯⋯⋯⋯⋯ 出票人账号：

人民币（大写） 亿 千 百 十 万 千 百 十 元 角 分

用途：

上列款项请从

我账户内支付

出票人签章

复核 记账

丰源实业有限责任公司 财务专用章

表 7－22（b）　　　　　　　　　　　**2014 年 12 月工资发放表**　　　　　　　　　　　单位：元

序号	姓名	岗位工资	奖金	应发工资	扣款	实发
1	张建军	3 000	2 000	5 000		5 000
2	王磊	800	400	840		840
3	张燕	1 200	500	1 700		1 700
4	刘强	1 500	800	2 300		2 300
⋯	⋯	⋯	⋯	⋯	⋯	⋯
102	赵小兵	750	300	1 050		1 050
合计		51 000	34 000	85 000		85 000

表 7－22（c）　　　　　　　　　　　**企业人员工资代发凭证**

单位代码：SB010502049　　　　　　　　　　　　　　　单位名称：丰源实业有限责任公司

打印日期：2014 年 12 月 10 日　　　　　　　　　　　　　　　　　　　　　　单位：元

中国工商银行
昌吉市建设支行
业务清讫

工资款项	职工人数	岗位工资	奖金	应发工资	扣款	实发
合计	102	51 000	34 000	85 000		85 000

表 7-23(a)　　　　　　　　中华大民共和国　　　　　　　　地

税收缴款书

税收

隶属关系：县级市

注册类型：其他有限责任公司　　填发日期：2014年12月10日

新地缴电20050254362号

征收机关：昌吉市地税局

缴款单位（人）	代码	265230101090615	预算科目	编码	7003教育费附加
	全称	丰源实业有限责任公司		款项	教育费附加
	开户银行	工行昌支		级次	县（市）级
	账号	4700022609003636668		收缴国库	昌吉市支库

税款所属时期 2014 年 11 月 日　　　　　　税款限缴日期 2014年12月10日

品目名称	课税数量	计税金额或销售收入	税率或单位税额	已缴或扣除额	实缴金额
教育费附加		70 000.00	3%	昌吉市建设支行	2 100.00

金额合计：人民币（大写）⊗贰仟壹佰元整　　　　　　　　（小写）￥2 100.00

上列款项已核收记入收款单位账户国库转讫

（银行）

备注：

盖章

经办人：张文明　　　填票人：刘玉萍

第一联　收据国库收款盖章后退缴款单位作完税凭证

表 7-23(b)　　　　　　　　中华大民共和国　　　　　　　　地

税收缴款书

税收

隶属关系：县级市

注册类型：其他有限责任公司　　填发日期：2014年12月10日

新地缴电20050254362号

征收机关：昌吉市地税局

缴款单位（人）	代码	265230101090615	预算科目	编码	1003城市建设维护税
	全称	丰源实业有限责任公司		款项	城市建设维护税
	开户银行	工行昌支		级次	县（市）级
	账号	4700022609003636668		收缴国库	昌吉市支库

税款所属时期 2014 年 11 月 日　　　　　　税款限缴日期 2014年12月10日

品目名称	课税数量	计税金额或销售收入	税率或单位税额	已缴或扣除额	实缴金额
城市建设维护税		70 000.00	7%	昌吉市建设支行	4 900.00

金额合计：人民币（大写）⊗肆仟玖佰元整　　　　　　　　（小写）￥4 900.00

上列款项已核收记入收款单位账户国库转讫

（银行）

备注：

盖章

经办人：张文明　　　填票人：刘玉萍

第一联　收据国库收款盖章后退缴款单位作完税凭证

表 7 – 23(c)

中华大民共和国　　　　　　国

税收缴款书

税收

隶属关系：县级市

注册类型：其他有限责任公司　　填发日期：2014年12月10日

新地缴电20050254364号

征收机关：昌吉市地税局

缴款单位（人）	代码	265230101090615	预算科目	编码	0101国内增值税
	全称	丰源实业有限责任公司		款项	增值税
	开户银行	工行昌支		级次	县（市）级
	账号	4700022609003636668		收缴国库	昌吉市支库

税款所属时期 2014 年 11 月　日　　　　　　税款限缴日期 2014年12月10日

| 品目名称 | 课税数量 | 计税金额或销售收入 | 税率或单位税额 | 已缴或扣除预额 | 实缴税额 |
| 教育费附加 | | 276 470.59 | 17% | 17 000 | 30 000.00 |

金额合计：人民币（大写）⊗叁万元整　　　　　　　　　　（小写）￥30 000.00

| 财务专用章　征税专用章 | 上列款项已核收记入收款单位账户国库转讫（银行） | 备注： |
| 经办人：张文明　　填票人：刘玉萍 | | 盖章 |

第一联　收据国库收款盖章后退缴款单位作完税凭证

表 7 – 23(d)

中华大民共和国　　　　　　国

税收缴款书

税收

隶属关系：县级市

注册类型：其他有限责任公司　　填发日期：2014年12月10日

新地缴电20050254367号

征收机关：昌吉市地税局

缴款单位（人）	代码	265230101090615	预算科目	编码	0483企业所得税
	全称	丰源实业有限责任公司		款项	企业所得税
	开户银行	工行昌支		级次	县（市）级
	账号	4700022609003636668		收缴国库	昌吉市支库

税款所属时期 2014 年 11 月　日　　　　　　税款限缴日期 2014年12月10日

| 品目名称 | 课税数量 | 计税金额或销售收入 | 税率或单位税额 | 已缴或扣除预额 | 实缴税额 |
| 教育费附加 | | 24 242.42 | 25% | | 8 000.00 |

金额合计：人民币（大写）⊗捌仟元整　　　　　　　　　　（小写）￥8 000.00

| 财务专用章　征税专用章 | 上列款项已核收记入收款单位账户国库转讫（银行） | 备注： |
| 经办人：张文明　　填票人：刘玉萍 | | 盖章 |

第一联　收据国库收款盖章后退缴款单位作完税凭证

表 7 - 24(a)　　　　　　　　　　**新疆增值税专用发票**

记　账　联

开票日期：2014年12月11日　　　　　　　　　　　　　　　　　No. 00187968

购货单位	名　　　称：黄河公司 纳税人识别号：465280104034568 地　址、电话：天泄路16号　0991-2358542 开户行及账号：工行乌支4700031509003254896				密码区	0234>>78<98>8->*5　加密版本号：01 2/4>33>>721>383520147 65/>5-711200>-18/0012　440004320 *38//126>>2-203//86>>>0　00187968		
货物及应税劳务名称	规格型号	单位	数量	单价	金额	税率	税额
甲材料	PU	千克	750	20	15 000	17%	2 550
合计					¥15 000		¥2 550
价税合计	（大写）⊗ 壹万柒仟伍佰伍拾元整				（小写）¥17 550.00		
销货单位	名　　　称：丰源实业有限责任公司 纳税人识别号：465280104013184 地　址、电话：建设路21号　0991-2866126 开户行及账号：工行唐支4700022609003636668				备注	财务专用章 税号:465280104013184	

收款人：　　　　复核：　　　　开票人：冯小刚　　　　销货单位(章)：

第四联　记账联　销货方记账凭证

表 7 - 24（b）　　　　　　　　**中国工商银行进账单（收账通知）**　　**1**

2014 年 12 月 11 日　　　　　　　　　　　　　　　　第 36 号

出票人	全　称	黄河公司		持票人	全　称	丰源实业有限责任公司									
	账　号	4700031509003254896			账　号	4700022609003636668									
	开户银行	工行乌支			开户银行	昌吉市工行建设路分理处									
人民币（大写）壹万柒仟伍佰伍拾元整						千	百	十	万	千	百	十	元	角	分
								¥	1	7	5	5	0	0	0
票据种类	转账支票														
票据张数	1 张				转讫										
单位 主管　　会计　　复核　　记账					持票人开户行盖章										

此联是持票人开户银行交给持票人的收账通知

表 7 − 25(a)

新疆增值税专用发票

记 账 联

开票日期:2014年12月11日 No.00187969

购货单位	名　　称: 五环工厂 纳税人识别号: 465280104034568 地址、电话: 宁边路116号 0991-2353451 开户行及账号: 建行昌支4700031509006582934	密码区	4/0>>65<97>8-+*7　加密版本号: 01 //1)3320100>383//1023 *7//>5-70012>-07//1303　440004308 *38//6>>2-25//80>>>9　00187969

货物及应税劳务名称	规格型号	单位	数量	单价	金额	税率	税额
A产品		件	2 500.00	200	500 000	17%	85 000
B产品		件	500.00	150	75 000	17%	12 750
合计					¥575 000		¥97 750
价税合计	（大写）⊗陆拾柒万贰仟柒佰伍拾元整				（小写）¥672 750.00		

销货单位	名　　称: 丰源实业有限责任公司 纳税人识别号: 465280104013184 地址、电话: 建设路21号 0991-2866126 开户行及账号: 工行昌支4700022609003636668	备注	税号:465280104013184

收款人:　　　复核:　　　开票人: 冯小磊　　　销货单位(章):

表 7 − 25（b）　　　**中国工商银行进账单（收账通知）** **1**

2014 年 12 月 11 日　　　第 36 号

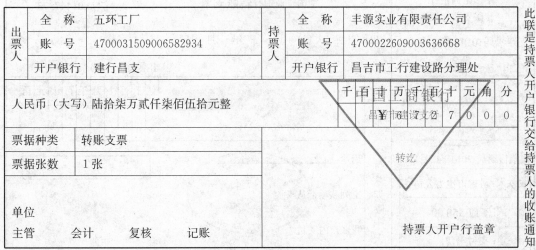

完成下列空白支票的填写，然后编制记账凭证。

表7－26(a)

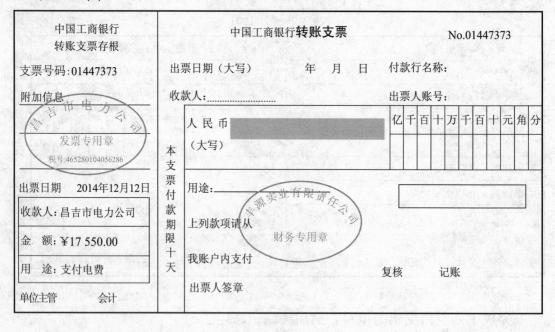

新疆增值税专用发票

发 票 联
新疆
国家税务总局监制

开票日期　2014 年 12月12日　　　　　　　No. 00188543

购货单位	名　　　　称：丰源实业有限责任公司 纳税人识别号：465280104013184 地　址、电话：建设路21号　0991-2866126 开户行及账号：工行昌支4700022609003636668	密码区	*48>>78<90>>0+*7　加密版本号：01 4/1>3320119>302//2014 98//>4-+10>>>-02//2389　440004189 *38//6>>2-25//80>>>-2　00188543

货物及应税劳务名称	规格型号	单位	数量	单价	金额	税率	税额
电		千瓦时	30 000	0.5	15 000	17%	2 550
合计			30 000		￥15 000		￥2 550

价税合计	（大写）⊗ 壹万柒仟伍佰伍拾元整		（小写）￥17 550.00

销货单位	名　　　　称：昌吉市电业公司 纳税人识别号：465280104056286 地　址、电话：健康路12号0991-2865023 开户行及账号：农行昌支3500012509001512224	备注	发票专用章 税号：465280104056286

收款人：　　　　复核：　　　　开票人：　毛建华　　　　销货单位(章)：

第二联　发票联　购货方记账凭证

表7－26 (b)

中国工商银行 转账支票存根	中国工商银行**转账支票**　　　　　No.01447373
支票号码:01447373	出票日期（大写）　　年　月　日　　付款行名称： 收款人：······························　出票人账号：
附加信息 昌吉市电力公司 发票专用章 税号:465280104056286	人民币 （大写）　　　　　　　　亿千百十万千百十元角分
出票日期　2014年12月12日	用途：　　　　丰源实业有限责任公司 财务专用章
收款人：昌吉市电力公司	上列款项请从 我账户内支付
金　额：￥17 550.00	出票人签章　　　　　复核　　记账
用　途：支付电费	
单位主管　　会计	

本支票付款期限十天

表 7 - 26（c）　　　　　　　　**电费分配表**

2014 年 12 月 31 日　　　　　　　　　　　　　　　单位：元

车间、部门		应分配金额	备注
生产车间用电	A产品负担	5 000	
	B产品负担	6 000	
车间照明用电		2 500	
行政管理部门用电		1 500	
合计		15 000	

审核：丁强　　　　　　　会计：　　　　　　　制单：赵梅

表 7 - 27(a)　　　　　　　　**新疆增值税专用发票**

发　票　联

开票日期　2014 年 12月13日　　　　　　　　　　No. 00186573

购货单位	名　称：丰源实业有限责任公司 纳税人识别号：465280104013184 地址、电话：建设路21号　0991-2866126 开户行及账号：工行昌支4700022609003636668			密码区	21//8>>08<9>>0+*7　加密版本号：01 5/1>3321278>32//2078 *9//>3-+12>>>-08//0015　440004320 12///-6>>2-25//18>>-1　00186573		
货物及应税劳务名称	规格型号	单位	数量	单价	金额	税率	税额
水		m³	3 125	1.6	5 000	13%	650
合计					¥5 000		¥650
价税合计	（大写）⊗ 伍仟陆佰伍拾元整			（小写）¥5 650.00			
销货单位	名　称：昌吉市自来水公司 纳税人识别号：465280105201268 地址、电话：宁边路15号0991-2875461 开户行及账号：农行昌支2500033800012425563			备注	发票专用章 税号：465280105201268		

收款人：　　　复核：　　　开票人：张建江　　　销货单位(章)：

完成下列空白支票的填写，然后编制记账凭证。

表 7 - 27 (b)　　　　　　　　　　　转账支票

中国工商银行 转账支票存根	中国工商银行**转账支票**	No.01447374

中国工商银行
转账支票存根

支票号码:01447374

附加信息

昌吉市自来水公司
发票专用章
税号:465280105201268

出票日期　　2014年12月13日

收款人:昌吉市自来水公司

金　额:¥5 650.00

用　途:支付水费

单位主管　　会计

中国工商银行**转账支票**　　　　No.01447374

出票日期(大写)　　年　月　日　　付款行名称:

收款人:...................

出票人账号:

人民币 (大写)

亿 千 百 十 万 千 百 十 元 角 分

本支票付款期限十天

用途:——

上列款项请从

我账户内支付

出票人签章

丰源实业有限责任公司
财务专用章

复核　　记账

表 7 - 27 (c)　　　　　　　　　水费分配表

2014 年 12 月 31 日　　　　　　　　　　单位:元

车间、部门		应分配金额	备注
生产车间用水	A产品负担	2 000	
	B产品负担	1 500	
车间公共用水		1 000	
行政管理部门用水		500	
合计		5 000	

审核:丁强　　　　　　会计:　　　　　　制单:赵梅

审核原始凭证,并将其粘贴在票据粘贴单上。

表 7 - 28(a)

票据粘贴处	票据粘贴单
	年　月　日
	本张金额：　　　　　　　元
	附　件：　　　　　　　张
	报销部门：
	报　销　人：
	报销单位 负　责　人：
	会计审查：
	项　　目：
	人民币（大写）

票据一：

```
10Z054945        乌站 售
乌鲁木齐→北京西   T70次
2014年12月2日 14：19开 06车21号下铺
全 价 652.00元   新空调硬座特快卧
限乘当日当次车
在6日内到有效
```

票据二：

```
H033755        京B售
北京西→乌鲁木齐   T69次
2014年12月8日 19：24开 11车10号下铺
全 价 652.00元   新空调硬座特快卧
限乘当日当次车
在3日内到有效
```

票据三：

```
北京巴士股份有限公司（一）专线票
    票价：2元 095030
        报销凭证
```

票据四：

```
北京巴士股份有限公司（一）专线票
    票价：2元 0950789
        报销凭证
```

票据五：

```
北京巴士股份有限公司（一）专线票
    票价：2元 0340658
        报销凭证
```

票据六：

```
北京巴士股份有限公司（一）专线票
    票价：2元 0340259
        报销凭证
```

票据七：

```
北京巴士股份有限公司（二）专线票
    票价：4元 0340698
        报销凭证
```

票据八：

```
北京巴士股份有限公司（二）专线票
    票价：4元 0340563
        报销凭证
```

票据九: **北京市服务业专用发票**

发 北 票 市 联

单位(姓名):丰源实业有限责任公司　　　　　　　开票时间:2014 年 12 月 8 日

服务项目	单位	数量	单价	金额								
				百	十	万	千	百	十	元	角	分
住宿费	天		65					2	6	0	0	0
小写金额合计							¥	2	6	0	0	0

大写金额⊗贰佰陆拾元整

收款单位(印章)　　　　　　　　　　　　　　　　　开票人:孙小兵

票据十: **北京市行政事业性收费专用票据**

2014 年 12 月 3 日

交款单位或个人	丰源实业有限责任公司	收费许可证号		200501208							
收费项目名称	收费标准	金额									备 注
		百	十	万	千	百	十	元	角	分	
培训费	350					3	5	0	0	0	
金额大写	人民币⊗叁佰伍拾元整				¥	3	5	0	0	0	

收款单位(印章)　　　　　　　　　　　　　　　　　开票人:张军强

表 7‑28(b)(填写) **差旅费报销单**

报销部门:办公室　　　　　　　　2014 年 12 月 13 日

姓名	张小红		职务	办公室主任	出差事由		业务培训		
出差起止日期自 2014 年 12 月 2 日起至 2014 年 12 月 10 日共 9 天　　　附单据 10 张									

日期		起讫地点	差旅补助			交通费	住宿费	会务费	其他	小计
月	日		天数	标准	金额					
12	2	乌市—北京	6	30						
12	8	北京—乌市	3	30						
		合计								

合计:人民币(大写)⊗贰仟贰佰元整

预领金额:3 000 元	交(退)回金额　　　元　　　应补付金额　　　元

单位负责人:张建军　　会计主管:丁强　　部门主管:赵江　　报销人:张小红

表 7－28（c）（填写）　　　　　　　　　**收据**

2014 年 12 月 13 日　　　　　　　　　　　　No.0004283

今　收　到：张小红
交　　　来：剩余差旅费（现金）
人民币：（大写）　　　　　　　　　　　　　　（小写）￥
收款单位盖章：　　　　　　　　　　　经收人签章：李红艳

单位主管　　　　　　会计　　　　　　出纳　李红艳　　　　　记账

表 7－29　　　**中国工商银行现金存款凭条（柜面交款专用）**

2014 年 12 月 13 日

存款人	全称	丰源实业有限责任公司				
	账号	4700022609003636668	款项来源	预借差费剩余款		
	开户行	工行昌支	交款人	丰源实业有限责任公司		

金额大写（币种）⊗人民币捌佰元整

百	十	万	千	百	十	元	角	分
			￥	8	0	0	0	0

票面	张数	金额	票面	张数	金额
100元	3	300	5角		
50元	7	350	2角		
20元	5	100	1角		
10元	5	50	5分		
5元			2分		
2元			1分		
1元					

中国工商银行　昌吉市建设支行　现金转讫

复核：　　　收款员：赵红霞

会计：　　　　　　复核：　　　　　　记账：

表 7 - 30(a)   广西省增值税专用发票

发 票 联

开票日期   2014 年 12 月 13 日   No.02548215

| 购货单位 | 名　　　称：丰源实业有限责任公司
纳税人识别号：465280104013184
地　址、电话：建设路21号 0991-2866126
开户行及账号：工行昌支47000226090036366668 | 密码区 | 7/1>>64>21<9>2->*8 加密版本号：01
3/8>3328125>302257556
96//>>5-+5124<2>-07/3 440004021
*//89>>2-+312/45>>-3 02548215 |

货物及应税劳务名称	规格型号	单位	数量	单价	金额	税率	税额
乙材料	FJ	千克	2 000	60	120 000	17%	20 400
合计					¥120 000		¥20 400

| 价税合计 | （大写）⊗ 壹拾肆万零肆佰元整 | （小写）¥140 400.00 |

| 销货单位 | 名　　　称：广西省向阳建材工厂
纳税人识别号：452000410032594
地　址、电话：长安路7号 65872432
开户行及账号：市中行 2456726742658 | 备注 | 财务专用章 |

收款人：   复核：   开票人： 李小龙   销货单位(章)：

第二联 发票联 购货方记账凭证

表 7 - 30 (b)（填写）   收料单

2014 年 12 月 13 日   No. 045303

供货单位：武汉市前进建材工厂					实际成本										
编号	材料名称	规格	送验数量	实收数量	单位	单价	运杂费	金额							
								百	十	万	千	百	十	元	角	分
004	乙材料	FJ	2 000	2 000	千克											
合计																

备注：   附单据 1 张

主管：   会计：   保管：冯磊   复核   验收：张志强

完成下列空白支票的填写，然后编制记账凭证。

表 7-30 (c)

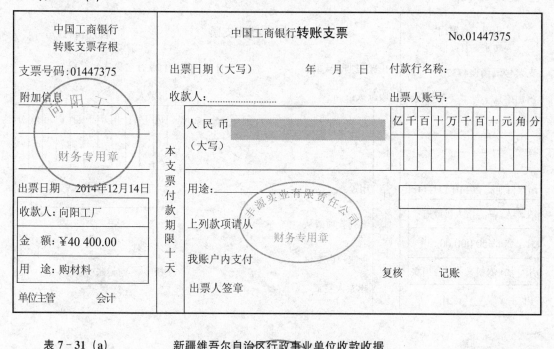

中国工商银行 转账支票存根		中国工商银行**转账支票**		No.01447375

中国工商银行
转账支票存根

支票号码：01447375

附加信息

（财务专用章　向阳工厂）

出票日期　2014年12月14日

收款人：向阳工厂

金　额：￥40 400.00

用　途：购材料

单位主管　　　会计

本支票付款期限十天

中国工商银行**转账支票**　　No.01447375

出票日期（大写）　　年　月　日　　付款行名称：

收款人：..................

出票人账号：

人民币
（大写）　　　　　　　　　| 亿 | 千 | 百 | 十 | 万 | 千 | 百 | 十 | 元 | 角 | 分 |

用途：

上列款项请从

我账户内支付

出票人签章

（财务专用章　丰源实业有限责任公司）

复核　　　记账

表 7-31 (a)　　**新疆维吾尔自治区行政事业单位收款收据**

交款单位（个人）：丰源实业有限责任公司　2014 年 12 月 14 日　　　　　　No.0843456

今　收　到：丰源实业有限责任公司	收费系付农村义务教育捐款
人民币：（大写）伍万元整	（小写）￥50 000.00
收款单位盖章：（财务专用章 昌吉回族人民政府）	会计：　　　　　经收人：王万州

完成下列空白支票的填写，然后编制记账凭证。

表 7 - 31 (b)

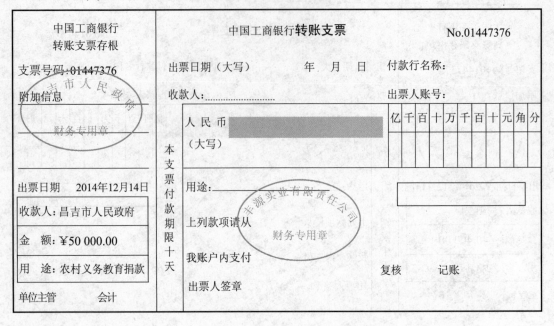

中国工商银行 转账支票存根	中国工商银行**转账支票**		No.01447376

（存根部分）
支票号码：01447376
附加信息

_____

出票日期　2014年12月14日
收款人：昌吉市人民政府
金　额：¥50 000.00
用　途：农村义务教育捐款
单位主管　　会计

（支票部分）
出票日期（大写）　　年　月　日　　付款行名称：
收款人：.....................　　　　出票人账号：
人民币
（大写）　　　亿 千 百 十 万 千 百 十 元 角 分
用途：_____
上列款项请从
我账户内支付
出票人签章　　　　　　复核　　记账
本支票付款期限十天

表 7 - 32 （a）　　　　　　　　　　　　　领料单

领用单位：生产车间　　　　　　2014 年 12 月 14 日　　　　　　凭证编号：086
用　　途：生产 A 产品　　　　　　　　　　　　　　　　　　发料仓库：2 号

材料编号	材料名称	规格	计量单位	数量		单价（元）	金额（元）
				请领	实发		
003	甲材料	PU	千克	7 000	7 000	20	140 000
004	乙材料	FJ	千克	3 000	3 000	60	180 000
005	丙材料	HE	千克	800	800	50	40 000
合计			叁拾陆万元整				360 000
备注						附单据 2 张	

第二联　送会计部门

领料人：张兵　　　　　　发料人：冯磊　　　　　　领料部门负责人：赵小刚

表 7 - 32（b）　　　　　　　　　　　　领料单

领用单位：生产车间　　　　　　　2014 年 12 月 14 日　　　　　　　凭证编号：087

用　　途：生产 B 产品　　　　　　　　　　　　　　　　　　　　发料仓库：2 号

材料编号	材料名称	规格	计量单位	数量		单价（元）	金额（元）
				请领	实发		
004	乙材料	FJ	千克	5 000	5 000	60	300 000
005	丙材料	HE	千克	3 600	3 600	50	180 000
006	丁材料	UK	千克	10 000	10 000	15	150 000
合计			陆拾叁万元整				630 000
备注							附单据 2 张

领料人：张兵　　　　　发料人：冯磊　　　　　领料部门负责人：赵小刚

第二联　送会计部门

表 7 - 33　　　**新疆省非税收入一般缴款书（收 据）　4**　　　No.920191541X

填制日期：2014 年 12 月 15 日　　　　　　执收单位名称：昌吉市工商行政管理局

付款人	全　称	丰源实业有限责任公司	收款人	全　称	昌吉市财政局
	账　号	4700022609003636668		账　号	368536740248091001
	开户银行	工行昌支		开户银行	市中行北京中路分理处

币种：人民币　金　额（大写）叁万元整　　　　　　　（小写）¥30 000.00

项目编码	项目名称	单位	数量	标准	金额
520345	商标侵权	元	1	1 万至 10 万	30 000.00
执收单位（盖章）专用章				备注：	

经办人（签章）蒋秀红

表 7－34 （a）　　　　　　　　　　**资产评估报告书**

东风公司拟投资机器设备资产评估报告书

昌华评报字（2014）0－014 号

受丰源公司委托，于评估基准日，对股东投资的实物资产——机器设备进行评估。经评估，东风公司用于投资的机器设备价值人民币 100 000 元。

| 中国注册资产评估师
赵建鹏
84901205 | 中国注册资产评估师
张利军
35681248 |

评估师

昌华会计师事务所（盖章）

2014 年 12 月 15 日

表 7－34 （b）　　　　　　　　　　**验资报告**

验资报告

昌华验字（2014）0－028 号

受丰源公司委托，于评估基准日，对股东拟投资的实物资产——机器设备进行评估，经评估价值为人民币 100 000 元，全体股东确认为人民币 100 000 元。

注册会计师（章）

昌华会计师事务所（盖章）

2014 年 12 月 15 日

中国注册会计师　张军强

中国注册会计师　澎军

表 7－34 （c）　　　　　　　　　　**固定资产验收交接单**　　　　　　　　　　No.0001235

2014 年 12 月 5 日

金额：元

资产名称	规格	计量单位	数量	单价或工程造价	安装费用	其他费用	合计	已提折旧
机床	C－6	台	1				100 000	
资产来源	投资	制造厂名	神州机电	使用年限	10 年	估计残值	6 000	

| 合计：人民币（大写）⊗壹拾万元整 | （小写）￥100 000.00 |

验收人：刘静　　　　接管人：赵红斌　　　　主管：　　　　会计：

完成下列空白支票的填写，然后编制记账凭证。

表 7 - 35

中国工商银行 现金支票存根	本支票付款期限十天	中国工商银行**现金支票**		No.01447451
支票号码：01447451		出票日期（大写）　年　月　日		付款行名称：
附加信息：		收款人：……………………		出票人账号：
────────		人 民 币 ▓▓▓▓▓▓▓▓▓▓ （大写）		亿千百十万千百十元角分
出票日期　2014年12月16日		用途：_____		
收款人：丰源实业有限责任公司		上列款项请从		（财务专用章）
金　额：¥2 000.00		我账户内支付		复核　　记账
用　途：备用		出票人签章		
单位主管　　会计				

表 7 - 36　　　　　　　　　　**新疆商业企业统一发票**

发 票 联

客户名称：丰源实业有限责任公司　　　　　　　　　　开票时间：2014 年 12 月 17 日

品名规格	单位	数量	单价	金额							
				十	万	千	百	十	元	角	分
钢笔	支	20	18			¥	3	6	0	0	0
稿纸	本	200	1			¥	2	0	0	0	0
笔记本	本	80	3			¥	2	4	0	0	0
合计（大写）⊗捌佰元整						¥	8	0	0	0	0

销货单位（盖章）　　　　　开票人：李丽娟　　　　　　收款人：王梅

表7-37　　　　　　　　　　新疆增值税专用发票

记　账　联

开票日期：2014年12月18日　　　　　　　　　　　　　　　　No. 00187970

购货单位	名　　　称：华南工厂 纳税人识别号：465280104078254 地　址、电　话：虹桥路6号 47251260 开户行及账号：商行虹支4700021508002547361	密码区	*%6546//1208>>-02 加密版本号：01 73-+11/95855427+34*+ //-275+6*95>>4+6312001 400002145 *4250>>-+>>2/4>4//>>>-1 00187970

货物及应税劳务名称	规格型号	单位	数量	单价	金额	税率	税额
A产品		件	3 500.00	160	560 000	17%	95 200
B产品		件	1 000.00	200	200 000	17%	34 000
合计					¥760 000		¥129 200

价税合计	（大写）⊗ 捌拾捌万玖仟贰佰元整	（小写）¥889 200.00

销货单位	名　　　称：丰源实业有限责任公司 纳税人识别号：465280104013184 地　址、电　话：建设路21号 0991-2866126 开户行及账号：工行昌支4700022609003636668	备注	

收款人：　　　　　复核：　　　　　　　开票人：冯小刚　　　　销货单位（章）：

第四联　记账联　销货方记账凭证

表7-38（a）　　　　　　　　　领料单

领用单位：生产车间　　　　　　　2014年12月20日　　　　　　凭证编号：088
用　　途：车间耗用　　　　　　　　　　　　　　　　　　　　发料仓库：2号

材料编号	材料名称	规格	计量单位	数量		单价（元）	金额（元）
				请领	实发		
005	丙材料	HE	千克	200	200	50	10 000
006	丁材料	UK	千克	588	588	15	8 820
合计		壹万捌仟捌佰贰拾元整					18 820
备注						附单据2张	

领料人：张兵　　　　　发料人：冯磊　　　　　领料部门负责人：赵小刚

第二联　送会计部门

表 7-38（b）　　　　　　　　　　　　　**领料单**

领用单位：公司管理部门　　　　　2014 年 12 月 20 日　　　　　　凭证编号：089

用　　途：管理用　　　　　　　　　　　　　　　　　　　　发料仓库：2 号

材料编号	材料名称	规格	计量单位	数量		单价（元）	金额（元）
				请领	实发		
005	丙材料	HE	千克	100	100	50	5 000
006	丁材料	UK	千克	60	60	15	900
合计		伍仟玖佰元整					5 900
备注						附单据 2 张	

领料人：张兵　　　　　　发料人：冯磊　　　　　　领料部门负责人：赵小刚

第二联　送会计部门

表 7-38（c）　　　　　　　　　　　　　**领料单**

领用单位：公司销售部门　　　　　2014 年 12 月 20 日　　　　　　凭证编号：090

用　　途：办公用　　　　　　　　　　　　　　　　　　　　发料仓库：2 号

材料编号	材料名称	规格	计量单位	数量		单价（元）	金额（元）
				请领	实发		
005	丙材料	HE	千克	100	100	50	5 000
合计		伍仟元整					5 000
备注						附单据 2 张	

领料人：张兵　　　　　　发料人：冯磊　　　　　　领料部门负责人：赵小刚

第二联　送会计部门

完成下列空白支票的填写，然后编制记账凭证。

表 7－39 （a）

中国工商银行 转账支票存根	中国工商银行**转账支票**	No.01447377

<table>
<tr>
<td rowspan="6">中国工商银行
转账支票存根

支票号码:01447377

附加信息:
_____
_____

出票日期　2014年12月21日
收款人:工行昌吉市建设支行
金　额:￥100 000.00
用　途:归还短期借款
单位主管　　　会计</td>
<td rowspan="6">本支票付款期限十天</td>
<td colspan="2">中国工商银行**转账支票**　　No.01447377

出票日期（大写）　　年　月　日　　付款行名称:

收款人:.................　　出票人账号:</td>
</tr>
</table>

中国工商银行 转账支票存根		中国工商银行**转账支票**	No.01447377
支票号码:01447377 附加信息: _____ _____	本 支 票 付 款 期 限 十 天	出票日期（大写）　　年　月　日　　付款行名称: 收款人:.................　　出票人账号: 人民币 （大写）　　　　　　　亿千百十万千百十元角分 用途:_____	
出票日期　2014年12月21日		上列款项请从	
收款人:工行昌吉市建设支行		我账户内支付	复核　　记账
金　额:￥100 000.00			
用　途:归还短期借款		出票人签章	
单位主管　　会计			

表 7－39 （b）　　　　中国工商银行　　特种转账贷方凭证

2014 年 12 月 21 日

银行打印	交易序号 41　交易代码 02234　工作日期 2014－12－20　工作时间 11:18:21　币种人民币 借方账号　9558803004100553402　户名　丰源实业有限责任公司 贷方账号　47 00022609003636668　户名　丰源实业有限责任公司 金额 100 000.00 转账归还到期贷款　借款合同号 00448													
业务类型			转账											
借方	户　　名	丰源实业有限责任公司	贷方	户　　名	丰源实业有限责任公司									
	账　　号	9558803004100553402		账　　号	4700022609003636668									
	开户银行	工行建支　行号		开户银行	工行建支　行号									

金额	币种（大写）⊗人民币壹拾万元整	亿	千	佰	十	万	千	百	十	元	角	分
				￥	1	0	0	0	0	0	0	0

转账原因:
归还贷款（借款合同 00448 号）

审核:　　　　　　　　　　复核:　　　　　　　　　　制证:

表 7－39（c）　　　　　　　中国工商银行利息转账专用传票

科目：　　　　　　　　　　2014 年 12 月 21 日　　　　　　　　　　No：0047386

收入利息单位	单位名称	工行昌吉市建设支行	支付利息单位	单位名称	丰源实业有限责任公司									
	账　号	4700321462447284321		账　号	4700022609003636668									
利息金额	人民币（大写）	贰仟伍佰元整				千	百	十	万	千	百	十	元	角	元
									￥	2	5	0	0	0	0
计息存、贷款户账号		4700321432436581364		上列利息金额已从贵单位结算账付划转。										
计算利息起讫时间		2014 年 6 月 22 日起 2014 年 12 月 21 日止												
计息积数		￥100 000.00　年利率 5%												
备注：短期借款利息				开户银行盖章										

单位主管：　　　　　　　　会计：　　　　　　　　　　记账：

表 7－39（d）　　　　　　　银行借款利息计提表

2014 年 12 月 21 日　　　　　　　　　　　　　　　　单位：元

贷款银行	借款种类	计息基数	利率	本月应计利息	备注
工行建支	短期借款	100 000	5%	416.7	
					前期已预提短期借款利息 2 083.3 元
合计				416.7	

审核：丁强　　　　　　　会计：　　　　　　　　制单：赵梅

表 7-40　　　　　　　中国工商银行进账单（收账通知）　　1

2014 年 12 月 22 日　　　　　　　　　　第 23 号

出票人	全　称	华南工厂	持票人	全　称	丰源实业有限责任公司
	账　号	4700021508002547361		账　号	4700022609003636668
	开户银行	商行虹支		开户银行	昌吉市工行建设路分理处

		千	百	十	万	千	百	十	元	角	分
人民币（大写）⊗捌拾捌万玖仟贰佰元整	¥		8	8	9	2	0	0	0	0	0

票据种类	转账支票
票据张数	1 张

转讫

单位

主管　　　会计　　　复核　　　记账

持票人开户行盖章

此联是持票人开户银行交给持票人的收账通知

表 7-41

新疆服务业定额专用发票
发 票 联 地税
付款方名称：丰源实业有限责任公司
No:01760804
贰 佰 元　¥200.00
收款单位（盖章）
开票日期2014年12月24日
发票专用章

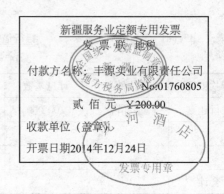

新疆服务业定额专用发票
发 票 联 地税
付款方名称：丰源实业有限责任公司
No:01760805
贰 佰 元　¥200.00
收款单位（盖章）
开票日期2014年12月24日
发票专用章

新疆服务业定额专用发票
发 票 联 地税
付款方名称：丰源实业有限责任公司
No:01760806
伍 拾 元　¥50.00
收款单位（盖章）
开票日期2014年12月24日
发票专用章

新疆服务业定额专用发票
发 票 联 地税
付款方名称：丰源实业有限责任公司
No:01760807
伍 元　¥5.00
收款单位（盖章）
开票日期2014年12月24日
发票专用章

表 7－42 (a)

新疆电信有限公司专用收据

收款日期 2014 年 12 月 25 日

No：B09296019

客户名称	丰源实业有限责任公司			预存款	
合同号	6000000239431	业务号码	0991－2866126	上次结存	0.00
缴款内容	2014/11/01—2014/11/30			本次结余	0.00
上次余零	0.00	本次应付	¥540.00	本次余零	0.00
收款项目	月租 25.00　市话区内费 205.00　国内长途 260.00　互联网 50.00				
实收金额	（大写）⊗伍佰肆拾元整				¥540.00

收款员：张小倩　　　　　　　　　　　　　　　收款日期：2014 年 12 月 25 日

完成下列空白支票的填写，然后编制记账凭证。

表 7－42 (b)

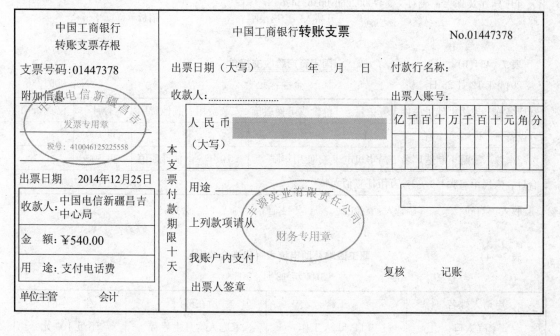

表 7－43(a)　　　　　　　　　　**新疆增值税专用发票**

发　票　联

开票日期：2014年12月18日　　　　　　　　　　　　　　　　　No.00182583

购货单位	名　称：丰源实业有限责任公司 纳税人识别号：465280104013184 地址、电话：建设路21号　0991-2866126 开户行及账号：工行昌支4700022609003636668	密码区	*65/4>>6//208>>-03 加密版本号：01 7/3-13//585>>27+34*+-2 //-205+6//5>>4+63/20>1　400010258 *4//2>>-+>>2/4>4//>>>0　00182583

货物及应税劳务名称	规格型号	单位	数量	单价	金额	税率	税额
设备		台	1	30 000	30 000	17%	5 100
合计				30 000	¥ 30 000	17%	¥ 5 100

价税合计	（大写）⊗ 叁万伍仟壹佰元整		（小写）¥35 100.00

销货单位	名　称：东海有限责任公司 纳税人识别号：465280104000456 地址、电话：文化路1号　2655026 开户行及账号：商行文支4700022609003635476	备注	发票专用章 税号：465280104000456

收款人：　　　　　复核：　　　　　开票人：冯小刚　　　　　销货单位(章)：

第二联 发票联 购货方记账凭证

表 7－43（b）　　　　　　　　　　**固定资产验收交接单**

2014 年 12 月 25 日　　　　　　　　金额：元　　　　　　　　No. 0001236

资产名称	规格	计量单位	数量	单价或工程造价	安装费用	其他费用	合计	已提折旧
设备	F—4	台	1				35 100	
资产来源	受赠	制造厂名	昌华机电	使用年限	10 年	估计残值	35 100	

合计：人民币（大写）⊗叁万伍仟壹佰元整　　　　　　（小写）¥35 100.00

验收人：刘静　　　　接管人：赵红斌　　　　主管：　　　　会计：

表 7－44　　　　　　　　　　**职工困难补助申请表（代现金收据）**

2014 年 12 月 25 日

申请人姓名	王辉			所在部门		生产车间
家庭人口	5 口，1 人工作			家庭人均月生活费		不足 100 元
申请困难补助理由	妻子下岗，父母多病无收入来源，女儿上学，日常生活难以维系					
申请金额	200 元					
所在部门意见	属实 李文斌	工会意见	同意 张爱国	单位负责人	同意 张建军	会计主管	丁强
人民币（大写）⊗贰佰元整				收款人签名		王辉

表 7‑45　　　　　　　　　　　　**财产盘点报告单**

单位名称：2 号仓库　　　　　　　　　　2014 年 12 月 30 日　　　　　　　　　　单位：元

财产名称	计量单位	实存	账存	单价	盘盈		盘亏		原因
					数量	金额	数量	金额	
甲材料	千克	750	1 500	20			750	1 5 000	待查
乙材料	千克	520	500	60	20	1 200			待查
合计						1 200		1 500	

仓库保管员：冯磊　　　　　　　　　　　　　盘点人：杨旭东

表 7‑46　　　　　　　　　　　　**待摊费用摊销表**

2014 年 12 月 25 日　　　　　　　　　　单位：元

待摊费用项目	待摊费用金额	分摊比例	本月应摊金额	备注
财产保险费	12 000	1/12	1 000	生产车间 800 元 管理部门 200 元
报刊杂志费	3 000	1/6	500	行政管理部门
设备租赁费	8 000	1/10	800	生产车间
合计	23 000		2 300	

审核：丁强　　　　　　会计：　　　　　　　制单：赵梅

表 7‑47　　　　　　　　　　　　**工资费用分配表**

2014 年 12 月 31 日　　　　　　　　　　单位：元

车间、部门		应分配金额	备注
生产车间 工人工资	A 产品负担	30 000	
	B 产品负担	20 000	
车间管理人员工资		5 000	
行政管理人员工资		16 000	
销售部门人员工资		14 000	
合计		85 000	

审核：丁强　　　　　　会计：　　　　　　　制单：赵梅

表 7 – 48（计算并填写）　　　　　　　　**福利费分配表**

2014 年 12 月 31 日　　　　　　　　　　　单位：元

车间、部门		计提基数	金额
生产车间	A 产品负担	30 000	4 200
工人工资	B 产品负担	20 000	2 800
车间管理人员工资		5 000	700
行政管理人员工资		16 000	2 240
销售部门人员工资		14 000	1 960
合计		85 000	11 900

审核：丁强　　　　　　　　会计：　　　　　　　　制单：赵梅

表 7 – 49　　　　　　　　　　**固定资产折旧计算表**

2014 年 12 月 31 日　　　　　　　　　　　单位：元

车间、部门	生产用固定资产			非生产用固定资产			合计	
	原值	折旧率	折旧额	原值	折旧率	折旧额	原值	折旧额
生产车间	5 000 000	0.6%	30 000				5 000 000	30 000
销售部门				958 000	0.522%	5 000	958 000	5 000
行政管理部门				1 916 000	0.522%	15 000	1 916 000	15 000
合计	5 000 000	0.6%	30 000	2 874 000	0.522%	20 000	7 874 000	50 000

审核：丁强　　　　　　　　会计：　　　　　　　　制单：赵梅

表 7 – 50　　　　　　　　　　**银行借款利息计提表**

2014 年 12 月 31 日　　　　　　　　　　　单位：元

贷款银行	借款种类	计息基数	利率	本月应计利息	备注
昌吉市工行	短期借款	160 000	5%	666.7	
合计				666.7	

审核：丁强　　　　　　　　会计：　　　　　　　　制单：赵梅

关于财产盘盈盘亏的处理意见

我公司月末盘点发现盘盈乙材料 20 千克，计 1 200 元，经查属于自然升值，由本企业转销；甲材料盘亏 750 千克，计 1 500 元，经查因自然损耗 500 元，非正常损失 800 元，因保管人员过失造成的损失 200 元，原因已查明，请财务部门按会计制度进行处理。

丰源实业有限责任公司

2014 年 12 月 31 日

表 7 - 51 (a) 制造费用汇总表 单位：元

2010年		凭证编号	摘要	项目							
月	日			工资	折旧费	修理费	机物料	水电费	办公费	其他	合计
12	6	6	支付生产车间设备维修费			5 380					
12	12	19	支付本月电费					2 500			
12	13	20	支付本月水费					1 000			
12	20	31	领用材料				18 820				
12	31	39	车间设备租赁费							800	
12	31	40	工资	5 000							
12	31	41		700							
12	31	42			30 000						
12			本月合计	5 700	30 000	5 380	18 820	3 500		800	64 200

表 7 - 51 (b) **制造费用分配表**

2014 年 12 月 31 日 单位：元

产品名称	分配标准（生产工人工资）	分配率	分配金额
A产品	30 000	0.6	38 520
B产品	20 000	0.4	25 680
合计	50 000		64 200

审核：丁强　　　　　　会计：　　　　　　制单：

表 7 - 52（a）　　　　　　　　　　**产品成本计算表**

2014 年 12 月 31 日　　　　　　　　　　　　　　　　单位：元

成本项目	A产品（4 000件）		B产品（5 000件）	
	总成本	单位成本	总成本	单位成本
直接材料	367 000	91.75	637 500	127.5
直接人工	34 200	8.55	22 800	4.56
制造费用	38 520	9.63	25 680	5.136
其他	355.56	0.08889	444.44	0.088888
合计	44 0075.56	110.01889	686 424.44	137.284888

审核：丁强　　　　　　　　会计：　　　　　　　　制单：

表 7 - 52（b）　　　　　　　　　　**产成品入库单**

交库单位：生产车间　　　　　　2014 年 12 月 31 日　　　　　　　　　单位：元

产品名称	规格与型号	单位	交付数量	检验结果		实收数量	单位成本	金额	备注
				合格	不合格				
A产品	F—5	件	4 000	合格		4 000	110.01889		
B产品	U—3	件	5 000	合格		5 000	137.284888		
合计									

送验人员：　　　　　　　　　检验人员：王旭东　　　　　　　　仓库经收人：冯磊

表 7 - 53（a）　　　　　　　　　　**产成品出库单**

2014 年 12 月 4 日　　　　　　　　　　单位：元　　　　　　　　No：00162

产品名称	单位	数量	单位成本	金额	用途或原因
A 产品	件	1 000	110	110 000	销售
合计		1 000	110	110 000	

部门主管：张红艳　　　　　　　保管：冯磊　　　　　　　经手人：庞慧民

表 7 - 53（b）　　　　　　　　　　**产成品出库单**

2014 年 12 月 11 日　　　　　　　　　　单位：元　　　　　　　　No：00163

产品名称	单位	数量	单位成本	金额	用途或原因
A产品	件	2 500	110	275 000	销售
B产品	件	500	140	70 000	销售
合计				345 000	

部门主管：张红艳　　　　　　　保管：冯磊　　　　　　　经手人：庞慧民

表 7 - 53 （c）

产成品出库单

2014 年 12 月 18 日

No：00164

单位：元

产品名称	单位	数量	单位成本	金额	用途或原因
A 产品	件	3 500	110	385 000	销售
B 产品	件	1 000	140	140 000	销售
合计				525 000	

部门主管：张红艳　　　　　　　　保管：冯磊　　　　　　　　经手人：庞慧民

表 7 - 53 （d）

产品销售成本汇总计算表

2014 年 12 月 31 日

单位：元

产品名称	单位	销售数量	单位成本	总销售成本	备注
A 产品	件		110		
B 产品	件		140		
合计					

审核：丁强　　　　　　　　会计：　　　　　　　　制单：

表 7 - 54

城市维护建设税及教育费附加计算表

2014 年 12 月 31 日

单位：元

计税依据	城市维护建设税		教育费附加	
	税率	金额	税率	金额
	7%		3%	
合计				

审核：丁强　　　　　　　　会计：　　　　　　　　制单：

表 7 - 55 （a）   领料单

领用单位：销售部   2014 年 12 月 11 日   凭证编号：090

用　　途：销售   发料仓库：2 号

材料编号	材料名称	规格	计量单位	数量		单价（元）	金额（元）
				请领	实发		
003	甲材料	PU	千克	500	500	20	10 000
合计		壹万元整					10 000
备注		剩余材料用于对外销售				附单据 1 张	

领料人：李建新   发料人：冯磊   销售部门负责人：唐国强

表 7 - 55 （b）   **材料销售成本计算表**

2014 年 12 月 31 日   单位：元

材料名称	单位	销售数量	单位成本	总销售成本	备注
甲材料	千克	500	20	10 000	销售
合计				10 000	

审核：丁强   会计：   制单：

表 7 - 56   **12 月损益类账户资料表**

2014 年 12 月 31 日   单位：元

收入类账户	发生额	支出类账户	发生额
主营业务收入		主营业务成本	
投资收益		营业税金及附加	
其他业务收入		管理费用	
营业外收入		销售费用	
		财务费用	
		其他业务支出	
		营业外支出	
合计		合计	
12 月利润总额			

审核：丁强   会计：   制单：

表 7-57（a）　　　　　　　　**12 月所得税计算表**

2014 年 12 月 31 日　　　　　　　　　　　单位：元

项目	计算依据	税率	税额	备注
应交所得税		25％		假设不考虑纳税调整事项
合计				

审核：丁强　　　　　　　　会计：　　　　　　　　制单：

表 7-57（b）　　　　　　　　**所得税结转单**

2014 年 12 月 31 日　　　　　　　　　　　单位：元

项目	科目	金额
应借科目		
应贷科目		

审核：丁强　　　　　　　　会计：　　　　　　　　制单：

表 7-58　　　　　　　　**本年利润结转资料表**

2014 年 12 月 31 日　　　　　　　　　　　单位：元

项目	金额	应借科目	应贷科目	金额
期初本年利润				
加：12 月净利润				
全年净利润				

审核：丁强　　　　　　　　会计：　　　　　　　　制单：

表 7-59　　　　　　　　**盈余公积计算表**

2014 年 12 月 31 日　　　　　　　　　　　单位：元

项目	计提比例	金额	应借科目	应贷科目
全年净利润总额	—			
法定盈余公积	10％			

审核：丁强　　　　　　　　会计：　　　　　　　　制单：

表 7 - 60   **应付投资者利润计算表**

2014 年 12 月 31 日   单位：元

项目	计提比例	金额	应借科目	应贷科目
全年净利润总额	—			
应付投资者利润	30%			
备注	实际工作中，应付利润应按各投资者设明细，本题中暂不考虑明细。			

审核：丁强   会计：   制单：

表 7 - 61   **利润分配各明细账户结转单**

2014 年 12 月 31 日   单位：元

项目	科目	金额
应借科目		
应贷科目		

审核：丁强   会计：   制单：

表 7 - 62   **试算平衡表**

2014 年 12 月 31 日   单位：元

账户名称	期初余额		本期发生额		期末余额	
	借方	贷方	借方	贷方	借方	贷方
库存现金						
银行存款						
应收账款						
原材料						
其他应收款						
应收票据						
固定资产						
累计折旧						
预付账款						
待处理财产损益						
库存商品						
交易性金融资产						
无形资产						

续 表

账户名称	期初余额		本期发生额		期末余额	
	借方	贷方	借方	贷方	借方	贷方
材料采购						
应付票据						
其他应交款						
应付职工薪酬						
短期借款						
应付账款						
预收账款						
应付股利						
应交税费						
实收资本						
资本公积						
盈余公积						
本年利润						
利润分配						
制造费用						
生产成本						
主营业务收入						
营业外支出						
销售费用						
管理费用						
财务费用						
营业税金及附加						
其他业务成本						
主营业务成本						
所得税费用						
其他业务收入						
合计						